自分を熱くする

横山信弘
(株)アタックス・セールス・アソシエイツ
代表取締役社長

フォレスト出版

無駄に生きるぐらいなら、熱く死のう！

——トニー・ダマト（映画「エニイ・ギブン・サンデー」より）

はじめに――今、くすぶっているあなたへ

まず冒頭に、私の部下が「心底驚いた」というエピソードをご紹介したいと思います。

8年ほど前のことです。

連日出張が続き、疲れきっている日のことでした。東は仙台、茨城、東京。西は大阪、福岡、佐賀、高松。地方の企業にコンサルティングへ出かけたり、自治体が主催する講演会で熱い話をしたり……。

毎日同じことを語るのならともかく、私たち現場に入って支援するコンサルタントは、現況を分析したうえで、発言する言葉をその都度選ばなければなりません。病院

のドクターのように、相手によって処方箋を変えなければいけないからです。

飛行機や新幹線、高速バスの中で書類やメールに目を通し、歩きながら部下と情報交換し、行った先、行った先で、相手に合わせて臨機応変に対応する。

特に、「絶対達成コンサルタント」として名を売っている私は、人や組織をモチベートすることを求められます。ですから「熱量マネジメント」もしっかりとやっておかなければ、多くの人の期待に応えることができません。

＊＊＊

その日は東京で、講演のスケジュールが入っていました。

冒頭に書いたとおり、連日の出張で体は疲れきっていて、大阪から東京へ向かう新幹線の中で少し休みたかったのですが、溜まっていたコラムやメルマガの執筆をこなす必要がありました。結局は一睡もできず、東京駅で乗り換えて会場のある三鷹駅まで、疲れた体を引きずりながら移動したのでした。

しかし、四ツ谷駅を過ぎたあたりでしょうか、人身事故で中央線がストップしたのです。

予定よりも30分ほど遅れて三鷹駅に到着。部下が駅の改札口で待っていて、

「会場の市民会館まで、小走りで行かないと間に合いません」

と言います。

走れば5分程度で着きますし、講演の時間まで15分ありました。部下と走りながら、

「大丈夫だ。間に合う」

そう言ってから、私はこう尋ねました。

「ところで、今日の講演テーマは、『目標を絶対達成させる後継者の育て方』だったよね」

と。

「事業承継について、1時間、話せばいい？」

すると、部下は突然、足を止め、

「ええっ！」

と大きな声を出したのです。眼を見開いて、私を見つめています。

「どうした」

足を止めました。みるみる青ざめていく部下の顔を見ながら、腕時計を確認します。

「時間がない。とにかく走ろう」

部下を促し、走って会場を目指します。1分ほどして、ようやく部下が口を開きました。

「も、申し訳ありません。私が間違ってご連絡していたかも……」

「何を？」

「講演テーマです。今日は、N社の新入社員200名に集まっていただいています」

今度は私が足を止めました。

中小企業の社長がご子息に、どのように事業を承継させていくのか。その難しさを解説し、そのうえで、新社長として、どのように絶対達成の文化を組織に根差させるのか。これを1時間で語ろうと準備していた私は、頭が真っ白になりました。

「それに、講演時間は2時間です」

「2時間か」

中小企業の経営者や後継者を相手に1時間話すつもりだったのが、大企業に入社したばかりの200名の新入社員に2時間、語らなければいけなくなった……。

人事部長からは、社会の厳しさと、夢や目標をもって生きる大切さを、力強く語ってもらいたいというオーダーがあったとのこと。

会場が目前に迫ってくる中で、部下が私に言います。

「本当に、申し訳ありません。私が伝え忘れていたようで」

部下は、大粒の汗をかきながら謝っています。しかし、スケジュールを詰め込みすぎた私に問題があることは明らか。謝るのは私のほうだと思いながらも、部下を慰めている時間はありません。

「とにかく、相手の人事部に私が到着したことを伝えてほしい。トイレへ行ってくる」

会場入りしたのは、まさに講演がスタートする8分前。

トイレへ行き、鏡を見ながら乱れた髪を整え、ネクタイを締めなおします。そして、額の汗を拭きながら、息を整えます。

私の講演に出席するであろう新入社員たちが、ひっきりなしにトイレに出たり入ったりを繰り返しています。

彼らの姿をやり過ごしながら、私は鏡の前で「10秒」数えました。

社会の厳しさと、夢や目標をもって生きる大切さを、力強く、語る、か――。

「10秒」数え終わったあと、心の中で「よし」とつぶやき、トイレを出ました。

トイレの外に、部下と、主催企業の人事部長が立っていました。私はそのときできる、精いっぱいの涼しげな表情をつくり、明るい声であいさつしました。

「横山社長、今日の講演、よろしくお願いいたします。新入社員200名、全員が社長の本を読んだうえで今日を迎えていますから」

「ありがとうございます。任せてください」

「みんな、楽しみにしています」

中ホールの扉まで、部下が小走りについてきます。

「横山さん……」

「大丈夫だ。任せて」

ホールへと続く扉の前で、私はしばらく目を瞑《つむ》ってから、また呼吸を整えようとしました。心にさざ波が立っていたら、聴衆の心をとらえることはできません。

「10秒」も必要ない。「5秒」もあれば呼吸は整い、昂《たかぶ》った感情をクールダウンできます。

そして、自分のハートに火をつけます。右手で「指差しポーズ」をつくって、左胸をポンポンと叩きました。

「よし！　いくぞ」

中ホールの扉が開き、ホール内の照明が両目を撃ちます。新入社員200名が立ち上がって拍手をしている中、私は目を細めて歩き、壇上に立ちました。

心の中にあった種火は、すでに烈火のごとく燃え上がり、激しい口調で、講演がスタート。

ノンストップで、激しく、熱く語り、2時間が経ったあとは、鳴りやまない拍手を背に、私は会場をあとにしました。

＊＊＊

講演終了後、部下と一緒にカフェへ寄り、アイスコーヒーを飲みながら、部下に尋ねられました。

「講演のネタって、喋りながら考えたんですよね」

「そりゃあ、新入社員200名を前に講演したことなど、これまで一度もなかったから」

「信じられない。なのに、どうしてあんなにも自信満々に、熱く話せるんですか」

私はアイスコーヒーを一気に飲んでから、息を吐き、こう答えました。

「一瞬にして、自分を熱くする技術を持ってるからだと思う。だから、どんな逆境でも、瞬時にスイッチを入れられる」

「そんなこと、できるんですか」

「できるよ。少し訓練が必要だけれど」

難局を乗り切るときの自分を鼓舞するスイッチ

この話はかなり極端な例ですが、私の場合、だいたい毎日のように、意図的に自分を鼓舞《こぶ》しなければならない場面に遭遇します。

たとえば、先日もこんなことがありました。クライアント企業の社長が交代し、当社の取り組みの説明にうかがわなければならないときのことです。

部下から、

「1年間続いた当社のコンサルティング支援がようやく定着していた矢先に、親会社から新社長が送り込まれてきました。丁寧に説明しないと、支援が打ち切りとなります」

生え抜きの常務も、営業本部長も、当社の支援継続を願っています。しかし、新社長が何を言うかはわかりません。

「わかった。新社長と話してみる」

「噂によると、かなりの『コンサルタント嫌い』のようで」

「手強い相手だな」

「はい」

人は、難局を乗り切ろうとする際、自分を奮い立たせる必要があります。

逃げたくても、逃げられないとき、どう立ち向かっていくのか。

越えなくてはならない壁があったとき、どう越えていくのか。

このときの私もそうでした。できれば自分ではない誰かに託したいと思っても、支援責任者である以上、私以外に適任者はいません。

自分自身を鼓舞するしかないのです。


拙著『自分を強くする』では、動じない心を手に入れるための技術を紹介しました。「強くする」は、どちらかというと「線」の話です。中長期的な視点で考えたとき、ブレない信念を持つことは大切です。

一方、「熱くする」は、「点」の話。

長い期間、自分を熱くする必要はありません。

必要なときに、必要な分だけ、奮い立たせればいいのです。勢いづければいいのです。

あなたも、自分を奮い立たせなければならないシーンに直面したことはあるでしょう。

そんなとき、どのように切り抜けますか。どう自分を元気づけますか。

本書では、そんな技術を解説します。

クールヘッド&ウォームハート

一瞬で自分を熱くするには、3つのステップを踏む必要があります。(詳しくは、第4章　ハートに火をつける技術をご参照ください)

①興奮を抑える
②論拠を探す
③鼓舞する

「自分を熱くする」と聞いて、「気合いを入れることか」と勘違いする人がいるかもしれません。

しかし、それは逆効果です。

単に大声を出したり、誰かに体を叩かれたりしても、興奮するだけです。頭に血がのぼり、ひどい場合は、我を忘れてしまいます。難局を乗り越えるどころか、冷静さを欠いた意思決定をしたり、肩に力が入りすぎて、自分のポテンシャルを発揮できなかったりします。

大事なことは、頭を熱くすることではなく、ハートを熱くすることです。

イギリスの経済学者、アルフレッド・マーシャルが提唱した「クールヘッド&ウォームハート」という状態にもっていくこと。

最初にやるべきことは、クールダウンです。

効率的に頭を回転させるために、冷静さを取り戻すプロセスです。

そして、**短時間で頭をフル回転させ、過去に手に入れた知識と経験を引っ張り出します**。そうすることで、自らを奮い立たせることができます。

思いどおりに自分を熱くし、クールダウンさせる技術

ピンチを乗り越えるためには、「根拠のない自信」は役立ちません。

確固たる理論武装と、成功体験の蓄積が、最も信頼できる発火装置です。

トレーニングを重ね、自由自在に自分を熱くさせることができる。熱く感情的になった自分を、一瞬にしてクールダウンさせることができる。

そんな技術を、あなたも身につけてみませんか。

そのための知識と、トレーニング手法を、本書であますところなく解説いたします。

特に、熱意、情熱、熱量、熱気、熱中といった言葉を丁寧に解説しながら、**「熱くなる」ことなく、どうやって自分を「熱くする」ことができるのか。**

モチベーションや気合いの関係、熱くなったあとに自分を冷ますスキルについてまで解説しています。

昔は熱い人間だったのに最近はなかなか熱くなれていない人。

なんとなくくすぶっている自分に納得できない人。

潜在能力は高いのに本気になれないために結果がついてこない人。

昔から冷静だが、熱くならないといけない場面が増えている人。

モチベーション難民になって最初の一歩が踏み出せない人。


本書はこんな人におすすめです。

私自身もくすぶっていた過去があります。あと一歩踏み出せばいいのに、その一歩を踏み出せずにいて、ただ思い悩む日々を過ごしていた時期があります。

ですから、特に「今くすぶっている人」に読んでもらいたい。そう思っています。一緒に、自分を熱くする技術を学んでいきましょう。

なお、先ほどのエピソードで登場した**「ハートに火をつける　スイッチのつくり方」の具体的なやり方を解説した動画**をご用意しました。入手方法などは、**本書の巻末ページ**をご覧ください。

自分を
熱くする
CONTENTS

第1章 「熱い人」を分類する

第3章

人を動かす「情熱資産」

第4章

ハートに火をつける技術

第5章 熱さをコントロールするコツ

装幀◎河南祐介（FANTAGRAPH）
本文デザイン・図版作成◎二神さやか
編集協力◎郷　和貴
DTP◎株式会社キャップス

第1章

「熱い人」を分類する

あなたの「火付け役」は誰？

私は、企業の現場に入って目標を絶対達成させるコンサルタントです。当然のことながら、現場で熱さは欠かせません。

メソッドを伝え、仕組みを構築し、マネジメントの制度設計をしたら、目標を達成させられる組織にチェンジできるかというと、そんな甘いものではありません。

組織改革を成功させるためにはメンバーのマインドを変える必要があり、そのためには、支援先の経営陣、ミドルマネジャーが本気で熱くなる必要があります。

私たちコンサルタントは、その火付け役です。

こうした実績を買われて大手企業から管理職研修に呼ばれることも多いのですが、依頼内容はだいたい決まっていて、「たるんだ社員たちに喝を入れてください」です。

＊＊＊

「熱さ」が売りになると、よく聞かれるのが「熱量の源」です。

「昔から熱いんですか？」

「ずっと熱いのって、疲れませんか？」

このような質問をよく受けます。

しかし、これは誤解です。私は年中熱いわけではありません。

30代後半でコンサルタントに転職する前の自分は、自己肯定感も低く、臆病で、「ほとばしるエネルギー」のようなものとは無縁でした。多少短気なところはあったものの、熱い人間ではありません。

むしろ熱くなりたいと思ってもなかなかなれないので、何をしても結果は中途半端。現状に対して満足しているのか、していないのかすらよくわからない……。そんな典型的な「くすぶっている人」だったのです。

自分で自分のハートに火をつけるメソッドとの出会い

私を変える転機となったのは、結果が出ていなかったコンサルタント時代にたまたま受講したＮＬＰ（神経言語プログラミング）のセミナーでした。その衝撃体験については、前著『自分を強くする』に譲るとして、結果的に私は、ＮＬＰを使って自分の考え方や感情をコントロールできるようになったのです。

今から15年ほど前になるでしょうか。

思い返せば、初めて自主セミナーを開催したとき、控え室にいた私は、重責からくる緊張と不安のピークにいました。セミナー受講者に熱量を届けるどころではありません。足の震えが止まらないのです。

そこで私がやったのが、のちほど紹介する**「ニュー・ビヘイビア・ジェネレーター」**と呼ばれるＮＬＰの定番メソッドです。

椅子に座って呼吸を整え、精神を統一して（マインドフルネスの状態にして）、ある俳優が、教え子たちに熱弁をふるっている映画のシーンを、できるだけ具体的に思い描きます。

それができたら視点をその俳優の目線に切り替えて、教え子たちに向かって自信満々で喋る自己体験を頭の中でシミュレーションしたのです。

それが終わったとき、明らかに私はリソースフルネスな感覚（「なんでもできる」という感覚）に包まれていました。

足の震えも止まり、表情も引き締まり、姿勢も良くなっている。

そして何より、「最高のセミナーにしてやる」という一点に集中できていて、体がどんどん熱くなっていくのがはっきりとわかりました。だから、私は自信を持って演台に向かうことができたのです（ニュー・ビヘイビア・ジェネレーターについては、223ページで詳しく解説します）。

少しの空気で火がつく炭になれ！

「はじめに」にも記したように、私は**「ここぞ」という場面で自分のハートに火をつけながら、数々の大舞台、ピンチ、修羅場をくぐり抜けてきました。**

セミナーについてはその後、数えきれないほどの講演をこなしてきたので、今の私は、ベテラン俳優がいつでも泣けるのと同じように、瞬間的に熱量スイッチを入れることができます。

しかし、そうはいっても仕事やプライベートで「気分が追いついていないが、やらないといけないこと」はたくさんあります。特に年を重ねて責任が増えると、そんな仕事ばかりです。

そんなときは、いまだにＮＬＰの技法を使って、**自分を無理やり熱くして自分にドライブをかけ続けています。**

この本でお伝えしたい、自分を熱くする技術は、このようなイメージです。

少し空気を送るだけで、ぼうっと火がつく炭のようなイメージ……。

ちょっとした空気でいいのです。

その**空気の送り方を工夫する**ことで、**内側にある火種**がぼうっと燃えるのです。

日本に少なくなった「熱い人」

「熱意」「情熱」という言葉を聞いて、あなたは何を思うでしょうか？

「気合いが入った強い意気込み」と思うでしょうか。「誰かを説得するときに利用できる強い気持ち」を思い浮かべるでしょうか。

辞書をひくと、

「熱意、情熱とは、何かを成し遂げようとする際に、激しく燃え上がる感情のこと」

と書いてあります。

「あの人は、さらに品質の高い製品をつくろうと、研究に情熱を傾けている」

このように使います。

しかし、昨今の日本――特に日本企業には、熱意や情熱を失った人が増えているようです。

米国の調査会社ギャラップによれば、エンゲージメント（熱意）の高い社員は、米国の32％に対して、日本企業には6％しかいないそうです。

有名な調査結果ですから、書籍や記事で目にした方も多いことでしょう。

そんな現代の日本でも、私は熱い人とたくさん出会っています。それはおそらく私が企業の現場に入って目標を絶対達成させるコンサルタントだからでしょう。

「熱い人」の分類

世の中には、いろいろなタイプの「熱い人」がいます。

生き方が情熱的なのか――。
好きなことに熱狂しているのか――。
熱意のあるプレゼンをしているのか――。
ある物事に熱中しているのか――。
熱心に探求しているのか――。
それとも、すべてを備えているのか。

私が熱い性格のせいか、これまでにいろいろな「熱い人」が私に近づいてきました。
成功する熱い人もいれば、苦悩する熱い人もいます。いつも熱い人もいれば、必要なときにだけ熱くなれる人もいます。

コンサルタントとして15年以上「絶対達成」をスローガンに仕事をしてきた私だからこそ、**あらゆる「熱い人」と知り合い、観察し、分析**できたと自負しています。

ひとえに「熱い人」と言っても、いろいろです。

特に夢を叶えようとしたり、目標を絶対達成させるうえで、**「どの時点で、どのように自分を熱くすることができるとうまくいくのか」**。

反対に、**「どのタイミングで、どのように熱くなると、思うようにいかなくなるか」**という視点で分類していきたいと思います。

重要なのは、「感情コントロール」

私の専門分野である「目標達成」の点で考えると、**自分の意志で自分を「熱くする」**人が、最も理想的な「熱い人」と言えます。

一方、自分の意志とは関係なく「熱くなる」人は、改善余地のある「熱い人」と言えるでしょう。

なぜなら目標を達成させるうえで最も大事なことは、感情のコントロールだからです。

たとえば、税理士の資格を取ろうと決意した人がいたとします。税理士になって、多くの中小企業の経営相談に乗りたいという熱意を持ち、その熱い気持ちを周囲に情熱的に語ったとしましょう。

しかし、仮に、会社に勤めながら、税理士の資格を取得しようとするならば、一般的に3~5年はかかると言われます。どんなに熱い気持ちがあろうとも、それだけの長い期間、熱心に勉強し続けるのは、並大抵の覚悟がなければできません。

ですから、**正しく感情をコントロールするスキル**が必要なのです。

落ち込んでいるとき、スランプを脱したいとき、自分を奮い立たせるために、自分のハートに火をつける。

誰かを動かしたい、誰かを説得したいとき、熱意を伝えたいために、自分を熱くする。

こういうことが、自在にできることが大事なのです。

理想を語るだけで終わる「熱い系」の人々

「意識高い系」という言葉をご存じでしょうか。

中身が伴っていないにもかかわらず、意識が高いことをＳＮＳなどで自己アピールする若者などを指します。

一般的に「意識高い系」という言葉は、嘲笑《ちょうしょう》の対象として使われるようです。

しかし、「意識が高い人」がからかうのならともかく、「意識が低い人」が「意識高い系」を小バカにするのはどうか、と私は思います。その構図のほうが滑稽《こっけい》ではありませんか。

私は、「意識高い系」の人が好きです。たとえ表面的なものであっても、一定の熱量を持って行動しているからです。一緒にいると刺激をもらえることもあります。「意識高い系をあざ笑う意識が低い人」のほうが、よほど痛々しいと私は思います。

これは、「熱い人」にも言える構図です。

具体的なことは何もやらないのに、やたら夢や理想を熱く語っている人は、「熱い人」と区別するために「熱い系」もしくは**「熱い系の人」**と私は呼びます。

「熱い人」の対極は**「冷めている人」**です。

あなたの身近にもいる「熱い系」

たとえば、社長が「今期は売上を2倍にする」と宣言したとしましょう。

それに対し、「熱い人」は、本気で2倍にするにはどうすればいいかを熱心に考えます。そして、多くの人を巻き込みながら、そのための努力をその期が終わるまで続けることでしょう。

「熱い系の人」は、社長が売上2倍にすると宣言したことに賛同します。そのために全力で取り組むと、上層部や部下などにもアピールします。しかし、ただ言っているだけで中身が伴いません。

「冷めている人」は、社長の「売上を2倍にする」という宣言に対して冷ややかな態度をとります。積極的に批判はしませんが、「そんなことできるわけがない」と考え、意識も行動も変えません。

この3者を比べると、わかりやすいでしょう。

もし「熱い系の人」を冷笑し、

「あいつ、社長方針に賛同している割には、何もやってないじゃないか。だいたい2倍にすればいいってもんじゃないし、バカバカしい」

などと言っている「冷めている人」は、組織にとってお荷物でしかありません。

ただ、何もやらないことは「熱い系の人」も同じ。口ではやる気がある風《ふう》に言っているので、騙《だま》され感が大きく、周囲の人はストレスを抱えます。

「熱い人」と「熱い系の人」の特徴と大きな違い

それでは、「熱い人」と「熱い系の人」とでは何が異なるのでしょうか。いくつかポイントを確認しましょう。

まず**「熱い人」は、自分を熱くすることができます。一方、「熱い系の人」は、刺**

激を受けるときだけ熱くなります。

「熱くする」と「熱くなる」は、一字しか違いませんが、大きく異なる点があります。

それは、能動的か、受動的かという点です。

◉熱い人（熱くする人）

自分を「熱くする人」は、自分でスイッチを入れて熱くします。

たとえば、先述した税理士を目指した人を例にして解説しましょう。

その人が、見事に難関の試験をパスし、税理士の資格を手に入れたとします。すると周囲には、このように言うことでしょう。

「私にとっては、税理士になることが目的ではありません。日本の中小企業を元気にすることが目的です。ですから、中小企業の経営相談に乗れるよう、税務以外にも、もっと広範囲の知識を身につけ、頑張っていきます」

税理士の資格を取得するには、何年もの間、モチベーションを維持し、勉強に向き合っていかなければなりません。試験に合格しただけで燃え尽きてしまう人もいるでしょうが、「中小企業の経営相談に乗りたい」という情熱があるなら、資格を取っただけではダメ。

「税理士の資格を取っただけでも十分じゃないか」と考えないよう、自分を奮い立たせます。

つまり、先述のような表明をして自分を「熱くする」のです。

「おかげさまで税理士の資格を取ることができましたが、私の夢はまだ先にあります。やっとスタート地点に立ったばかりです」

と言います。

このような発言を耳にすれば、多くの人は、「熱意がある」「あの人の情熱は本物だ」と受け止めることでしょう。そして、その情熱を応援したいと、自然に思います。

◉熱い系の人（熱くなる人）

一方、「熱くなる人」は反対です。

たとえば、

「税理士の資格、合格しました。いやあ、大変でした」

と言い、それ以上は言葉を添えないと、周囲の人は、このように指摘するかもしれません。

「税理士になることが夢だったの？　中小企業の経営相談に乗ることが、夢だったんだよね」

そして、こう言われて初めて気づきます。

「そうそう。そうだよ。もちろん、それに向かって頑張るよ」

「それにしては、税務の仕事しかしていないよね」

「え、税理士だから、税務の仕事をして何が悪いんだ」

「税務は、経営のほんの一部分だよ。本当に、日本の中小企業を元気にしたい、社長の経営相談に乗りたいという夢があるなら、もっと広範囲の知識を得たほうがいいんじゃないか」

「……んだって？　税理士の資格を取るのに、どんだけ大変だったのか、お前知ってんのかよ」

「おいおい、熱くなるなよ」

「熱くもなんだろ。人の苦労も知らないで。そんな言い方あんのか」

「悪かったよ……」

「今は税理士になったばかりで、いろいろ忙しいんだ。落ち着いたら経営の勉強もするから、黙ってろ」

このように**「熱くなる人」は、他人から火をつけられて初めて「熱い人」になります。つまり、自分で熱くすることができないから**です。

しかし受動的だと、なかなか継続的な行動ができません。

このような人は「自己消火性」が高い人です。自己消火性とは、周囲に熱源がなくなると、無意識のうちに自分自身で「火」を消してしまう性質のこと。

つまり、組織やチーム内に「火源」があると燃え続けますが、火源がなくなるとたんに火を消してしまう人のことです。「火をつけられないと燃えないタイプ」です。

後述しますが、誰かに火をつけられないと熱くならない人は、他者の熱量を奪っていることになります。したがって、**必要なときに、必要なタイミングで、自分を熱くすることができない人も「熱い系の人」**と言えます。

情熱の火が宝の持ち腐れに終わる人に足りないもの

情熱がある人は、常に「あり方」に焦点を合わせています。「あり方」とは、「あるべき姿」「ありたい姿」のことを指します。ゴールやアウトカムという表現をすることもあります。

夢であったり、人生を賭けて叶えたい目標であったり――。

「私はフィンテック事業を起《た》ち上げ、新しい金融のカタチを、アフリカでつくりあげていきます」

たとえば、このような夢を熱く語る人がいたとします。

思い描く理想の姿が実現したら、どんな世界が待っているのか。それを語らせたら、朝までかかるぐらいの熱い思いがあるなら、その人は、とても情熱的な人のように見えます。

しかし、冷めた言い方で申し訳ありませんが、**「あり方」とセットで「やり方」も**

語ってもらわないと、せっかくの情熱の火が宝の持ち腐れになります。

「熱い人」なのか、「熱く話す人」なのか

「おいしい焼き芋をつくるのに、火をおこしたい」と、やたらと語る人がいます。しかし、その人が持ってきたのは、マッチと新聞紙だけであれば、どうでしょうか。

「火はつくけど、これでは焼き芋はつくれない」「どんな種類でもかまわないから、炭を持ってこいよ」と突っ込みたくなります。

「あれがやりたい」「この夢を叶えたい」と、思いの丈を語ってばかりの人を、私は「熱い人」とは呼びません。

大事なことは、「何が熱いのか」「何が情熱的か」ということ。

喋っている内容や話し方がどんなに情熱的であっても、その人自身が熱いかどうかはわかりません。

「熱い人」と「熱く話す人」は違うのです。

「あり方」は1つ、「やり方」は無数

先述したとおり、「あり方」とは、夢であったり、目標であったり、ゴールと呼ぶべきものです。そして「やり方」とは、その目標を達成させるための方法です。

「あり方」と「やり方」を考えたとき、必ず覚えておくべきことは、

「『あり方』は1つしかないが、『やり方』は無数にある」

ということです。

これをやれば必ず達成する、という「やり方」はこの世に存在しません。絶対達成コンサルタントの私が言うのですから間違いありません。

また、**「あり方」が抽象的であればあるほど、途方もないほど多くの「やり方」が存在**します。

「豊かな人生を送りたい」「健康なカラダを手に入れたい」「中小企業を元気にできる税理士になりたい」……。

このような抽象的な「あり方」には、無数の「やり方」が存在するでしょう。

「5年後には、経常利益を倍増させたい」「西日本にもいくつか営業所を展開し、全国に物流網を広げたい」「フィンテック事業を起ち上げ、新しい金融のカタチを、アフリカでつくりあげたい」

このように、「あり方」が少しぐらい具体的になったとしても、「やり方」は数えきれないほどあります。

ですから私たちができるのは、**いろいろな「やり方」を複合的に組み合わせ、トライ&エラーを繰り返しながら、「あり方」に一歩一歩近づけていく**ことだけです。

情熱の有無を測る1つのバロメーターとは？

どんなに緻密な分析をして戦略立案し、そのとおりに行動しても、期待どおりにうまくいかないことが多々あります。

だからこそ、**早く「やり方」を決め、スピーディに行動することが大事**。理想の「あり方」に近づくためには、できる限り、早めに失敗しておくことが成功するための基本です。

このように、情熱があるかないかを測る1つのバロメーターは**「スピード」**なのです。

にもかかわらず、です。

「横山さんに紹介したい人がいます。すごく情熱的な人なので、きっと横山さんと合いますよ」

と言われ、実際に会ってみると、話し方が情熱的なだけで、肝心な「人として」情熱的でないことがとても多いのが現実です。

私は夢を語る人を応援したいと思っています。

しかし、30分や1時間ぐらいなら付き合いますが、夜8時から飲み始めて、朝3時ごろまでそんな話が続くと、

「いい加減、具体的に『やり方』の話もしませんか」

と言いたくなります。

実現したらどんな世界が広がっているのかという話はもうわかりました。たしかにステキです。おっしゃるとおり、ぜひ、その夢の実現のために頑張りましょう。

「で、何からやり始めますか。具体的に、いつから、何をやろうとしていますか？」

こう尋ねると、すぐにトーンダウンしてしまう。熱かった語調が、いきなり冷める人が多いのです。

「熱に浮かされた人」になっていないか？

本当に熱い人は、実のところ、一見してではわからないものです。

熱く語ることは大事です。自分を鼓舞するためにも、夢や目標を公言することは、多くの人に強くおすすめします。

しかし、会うたびにそのことばかりを語っている人は、そのエネルギーを他に使うべきです。

具体的な話が一向に出ず、抽象的な話を熱く語ってばかりいる人は、「熱い人」というより「熱に浮かされている人」です。

頭がぼうっとして、のぼせ上っているというか、初めて恋をしたときのような、高揚感に溺《おぼ》れてしまっている感じ。

具体的な将来プランはそっちのけ。好きだ好きだ好きだ、愛してる愛してる愛してると言い続けているだけなら、「少し現実を見たら？」と周囲の人間から言われてしまいます。恋することが目的で恋をしたら、いずれその熱い気持ちは冷め、長続きしないことでしょう。

同じように、夢を見ることが目的の人は、やたらとその夢を語りたがります。誰かに聞いてもらえば、だいたい「すごいね」「頑張ってね」「応援してるよ」と言われます。満たされた気分になりますから、そればかりを繰り返してしまうのです。

イギリスの経済学者、アルフレッド・マーシャルが使った**「クールヘッド&ウォームハート」**という言葉があります。

何事にも、冷静な頭脳と、温かい心が必要であるという意味で、ビジネスでもスポーツの世界でも、広く使われています。

つまり「あり方」ばかり熱く語って、「やり方」に目がいかない人は、「クールヘッド&ウォームハート」ではなく、反対の「ウォームヘッド&クールハート」になっています。

熱に浮かされ、のぼせ上っているのです。表面的には熱いのですが、心の芯が冷めているというか。だからなのか、いつまで経っても、その思いが結実しません。

私は「努力は実る」という言葉は好んで使いますが、「願えば叶う」という表現は使いません。

企業に入って支援していても、やたらと総論ばかり語っている経営幹部や管理者を見受けます。しかし、どんなに熱く語っても、総論は総論。具体的な計画に論点が移ると、とたんに及び腰になるのであれば、芯が熱い人とは言えません。

そんな幹部に、優秀な人はついていかない。

「熱い人」は芯（ハート）が熱い。「熱い系の人」は頭が熱い（頭に血がのぼっている）のです。

本当に「熱い人」にあって、「熱い系の人」にないもの

その人が「熱い人」か「熱い系の人」かを見極めるポイントは、いくつかありますが、私がよくやるのは、各論に踏み込んだ質問です。

各論とは、その**目標を達成させるための具体的なアクションプラン**のこと。アクションプランが決まってなくてもいいですが、そのような踏み込んだ質問をして、どのような感情の動きを見せるかを、私は相手の表情や言葉をキャリブレーション（洞察）します。

本当に「熱い人」なら、次のような会話になるでしょう。

「静岡を拠点に、ブライダル事業を広げていきたいとお聞きしました」

「そうです。経済的な理由で結婚式を挙げられないカップルを1人でもなくしたい。私の生まれ育ったこの静岡で、その事業を軌道に乗せたいんです」

「具体的なアクションプランはあるのですか」

「5年以内に、県内で5つの結婚式場を立ち上げる予定です」

「5年で5つということは、毎年、1つずつ式場を立ち上げるということですか」

「そうです。まず今年の10月には静岡市内で、オープンします」

「来年は何月に、どの場所で考えていますか」

「来年……ですか。まだ10月オープンの式場のことしか考えていません。場所は……。浜松か、沼津あたりを検討していますが」

「式場の立地は、重要成功要因の1つに入りますか」

「立地はきわめて重要です。10月にオープンする式場も、非常にいい物件があったので、リーズナブルなプライシングが実現できます」

「それでしたら、来年2つ目の式場をオープンにするには、そのような好立地を現時点から探しておく必要がありますね。というか、そんな好条件の立地はそう簡単に出ないでしょうから、3つ目も4つ目の立地も同時に探しておくべきではないですか」

「おっしゃるとおりですね。今は10月オープンの式場のことで頭がいっぱいですが、すぐに始めます」

「いつから、何をスタートしますか」

「そうですね……。まずは浜松と清水、沼津の不動産情報を集めます」

「いつまでに、いくつの不動産情報を集めますか」

「今週は忙しいので、来週から始めます。いや、それでは遅いか。週末知人とゴルフに行く予定でしたが、それをキャンセルして、知り合いを通じて建設会社の社長にアポを取ります。県内の不動産情報に詳しいと聞いていますので」

「その社長と話をしたあと、計画表をつくりませんか。まずは5つの式場の立地を、どのようなスケジュールで探していくのかを」

「ご指摘のとおり、私の事業を成功させるためには、条件のいい好立地が絶対に必要です。そう簡単に見つからないでしょうから、計画づくりから始めます」

「粗くていいので、計画ができたら見せてくださいね」

「気づかせてくれて、ありがとうございます。うかうかしていられません。すぐに動きます」


このように、抽象的なプランを具体化させようとすると、「すぐに始めないと、自分が思い描く理想は遠のくばかりだ」とわかります。

ですから、**話題が各論になればなるほど、スピーディに行動しようという気持ちが芽生えます**。情熱があるからこそ、です。そして気づかせてくれた相手に「ありがとう」と感謝の意を表します。

これが典型的な「熱い人」の態度です。

「熱い系の人」は、各論に入るほど答えられない

一方、**「熱い系の人」は、各論に入れば入るほど、表情が曇ってきます**。私は相手の表情、呼吸、体の姿勢をキャリブレーションしながら、質問を繰り返します。

「――それでしたら、来年2つ目の式場をオープンにするには、そのような好立地を現時点から探しておく必要がありますね。というか、そんな好条件の立地はそう簡単に出ないでしょうから、3つ目、4つ目の立地を探す必要があります」

「そうかもしれませんが……。今は10月オープンの式場のことで頭がいっぱいで」

「10月にオープンしてから、次の式場のことを考えていては間に合わないのではないですか」

「たしかに、そうかもしれませんが」

「10月にオープンする式場を軌道に乗せるにも、けっこう体力が必要ですよね」

「大変だと思います。甘く見てはいけません」

「毎年、新しい式場をオープンするのは、けっこう大変ですか」

「うーん……。たしかに、そうかもしれませんが。でも決めたんです。5つの式場を5年計画でオープンするって」

「しかし、今のままだと、毎年1つの式場をオープンさせるのは難しそうですね」

「難しいですが、やるつもりです。やはり来年に、2つ目の式場をオープンします。そうでないと、私が描いた5年計画は達成しません」

「立地は大事ですよね」

「立地が命です。経済的に恵まれないカップルに、リーズナブルな結婚式を挙げてほしいと思っているんです。ですから、高額な土地には式場を建てられない」

「そんな好条件の立地はすぐ手に入りますか」

「手に入るかもしれないし、入らないかもしれない。今回、静岡市内の、とてもいい立地に式場を建てることができたのは、たまたま知人から紹介があったからです」

「それなら、2つ目の式場をオープンするには、何が必要ですか」

「今から不動産屋とか、回らないといけないでしょうが……。しかし、今は10月オープンの式場のことで頭がいっぱいです」

「それなら、5年計画を見直したほうがいいですか」

「見直しませんよ。くどいなあ、あなたも。だいたい、どうやっていい立地を見つけたらいいんですか。知っているなら教えてくださいよ。私は誰に教えてもらったらいいのか、見当もつかない」

　このように、「熱い系の人」は、具体的な各論になればなるほど、感情的に熱くなってしまいます。しかし無用に熱量を浪費するのは、得策ではありません。

　先述したとおり、5年で5つの式場をオープンさせるという「あり方」は、1つです。

しかし、それをどうやって実現させるのか。その「やり方」は無数にあるし、現時点でわからない場合が多い。

ですから、**とにかく動くしかない**のです。

行動が早ければ早いほど、早期に失敗できます。失敗することで気づきが得られ、**行動を修正できる**のです。頭に血がのぼると思考が停止します。熱くならず、まず冷静になる必要があるのに「熱い系の人」は、それがなかなかできません。

「熱い人」のスケジュールの中身

「計画は見直すためにある」

私が駆け出しのコンサルタントのころ、先輩の金融コンサルタントから教えてもらった言葉です。

誰だって総論を話していたほうが楽しいに決まっています。「いつかこうなりたい」「自分のビジネスをこう広げたい」などと語っていたほうが、夢が膨らみます。

このように、**総論はウォント（want）**のケースが多い一方で、**各論になればな**

るほど、マスト（must）の傾向が強くなりますから、具体的なアクションプランを検討する段階に入ると、「〜ねばならない」ことがドンドン増えていきます。

しかも、それをやれば確実にうまくいく「やり方」など、最初から手に入らないことはわかっているので、たいていは高い強度の葛藤を覚えるはずです。

「熱い人」なら、ここで自分を鼓舞し、ハートに火をつけて乗り越えようとします。

しかし、「熱い系の人」は、それができません。ですから、他者から「各論＝マスト（must）」を迫られると、その刺激を得て熱くなります。

「ちょっと自分なりに考えてみます」などとその場をやり過ごすか、「私だって頑張ってるんです。業界のことを知らないあなたに言われる筋合いはない」と逆ギレするか。

このどちらかの場合が多くあります。

ゴールはいつも試行錯誤の果てにあります。

できれば、スケジュールに書けるぐらいに、具体的な計画を立てましょう。

「結果の計画」のみならず、（そこにかかわるすべての人の）スケジュールに書き込

めるぐらいに細かい「プロセスの計画」までつくり上げるのです。

それすらできないのであれば、その「あり方」に対して情熱があるとは言えません。

「あり方」と「やり方」のバランスが大事なのです。

「熱い系の人」が使う口グセ

「熱い系の人」と見られないようにするには、口グセにも注意を払うべきです。

特に、私が気になるのが、このフレーズ——**「言われてみればそうですね」**。

たとえば、「社長から来期の売上を2倍にしてくれと言われ、燃えています！」と言う人に、私はこのように質問します。


「現在、5億円の目標を2倍にしたら10億ですね」

「そうです」

「人は採用するのですか」

「いいえ、現在の5人のメンバーのままやっていきます」

「お客様1社当たりの、平均受注額はいくらですか」

「約100万円ですね」

「すると、1人あたり平均50社ぐらい販売してきた、ということですか」

「えっと……。そうなりますか。あ、はい。そうですね。たぶん」

「来期はその倍ですから、平均受注金額を倍にして、50社に販売するか。それとも、お客様の数を倍にして、新たに100社に販売するか。どちらかですね」

「……そ、そうですか。たしかに。言われてみればそうですね。でも、平均受注金額を2倍にするのは現実的ではありません。当社のソリューションはパッケージ化していますので」

「すると、新たに100社に販売する、ということですね」

「新たに100社？　いや、ただでさえ現状50社のアフターフォローがありますから。そんな時間はありません」

「既存のお客様からも追加で受注をいただけるのですか」

「いいえ、それはできません。100万円のパッケージに3年間のアフターフォロー料金が含まれていますから」

「それをしながら、新たに１００社の受注を取ることができるのですか」

「いや、ですから、それは難しいです」

「それでしたら、商品を変えずに売上を2倍にするのは難しいですね」

「言われてみればそうですね」

「今期販売した50社にアフターフォローを続けながら、新規で１００社の仕事を取ってくるのは、簡単じゃないのはわかります」

「はい」

「それなら、お客様1社当たりの平均受注額を上げるしかないと思います」

「いや、それはできません。当社のソリューションは1企業に対し、1パッケージしか販売できませんから」

「それなら、堂々巡りです。売上2倍の目標は難しいかもしれませんね」

「うーん、言われてみればそうですね……」


いかがでしょうか。

この会話を聞いていて、この人に情熱がありそうに見えますか。

「社長から来期の売上を2倍にしてくれと言われ、燃えています！」と口では言っていますが、どのようにその数字を達成させるのか。

その「やり方」を具体的に考えていないことは明白です。

「燃えています！」と言いながら、しかし、どこか他人事なのです。

過去に、一度でも熱くなったことがあるなら、そのときの探求レベルを思い出してほしいと思います。

たとえば、大学受験のとき、死に物狂いで受験勉強したこと。

好きな人に恋をして毎日その人のことで頭がいっぱいになったときのこと。

「情熱がある」「本気だ」「覚悟を持ってやる」「燃えている」「絶対達成する」……。

こういう強くインパクトのある言葉は、それこそ〝本気〟で、〝覚悟〟を持って、使ったほうがいいでしょう。

なぜなら、周囲はその思いに期待しますし、その期待が裏切られたときの失望感が大きくなるからです。

まさに、

「言われてみればそうですね」

と言われた瞬間、「あの決意表明に偽りあり」とまわりの人に受け止められること

でしょう。

熱い思いが空回りする根本原因

それにしても、なぜ「言われてみれば、そうですね」と言ってしまうのか。

「そんなこと、思いつきもしなかった」というのならともかく、簡単に「言われてみればそうですね」というリアクションをとってしまうのは、**思考が浅い**からです。

実は、心から何かを成し遂げたいという情熱があっても、思考が浅い人は、深く考えることができず、熱い思いが空回りしてしまうことが多いのです。

以前、「グローバルで活躍する企業戦士になりたい」と言って、英会話スクールに何年も通っている人がいました。

本業で結果も出さずに、しかも駅前の英会話スクールで何年勉強しようが、その「あり方」を手にすることはできないと、どうしてわからないのか。3年ぐらい経過して、まわりの人に指摘されて初めて気づいたそうです。「言われてみればそうだな」と。

どんなに熱い気持ちがあっても、思考の浅い人が思いつく「やり方」をどんなに繰り返そうとも、一向にゴールは見えてきません。

熱い気持ちを語る分だけ、滑稽に見えてしまいます。

ですから、まずは自分の思考の浅さ・深さを自覚したいものです。**どこまで掘り下げて物事を考えられるかを、自己認識する**のです。

「脳のマイニングスキル」を鍛えよう

「言われてみればそうですね」と言う人は、脳の中から目当てのものを探し当てる力が足りません。

インプットしているのに、容易にアウトプットできないわけですから、たとえるなら、毎月給料をもらっているのに、お金をどこに蓄えたか思い出せず、肝心なときにお金を利用できないようなもの。

どんなに本を読んでも、セミナーを受けて学んでも、一向に活用できない人は、こういう類の人です。

脳の記憶装置から、適当な知識や情報を採掘（マイニング）するスキルは、鍛えないと衰えていくばかりです。

テスト勉強を思い出してみましょう。

問題を見て、勉強して覚えた知識をどう活用するか、瞬時に思い出せない人は、問題を解くのに時間がかかり、時間内にすべての問題をこなすことができません。

教科書に書かれていることを覚えるだけでなく、どのような問題に、どのような知識を活用すべきかは、より多くの問題を解くことで身についてきます。

つまり、**日ごろからインプットのみならず、アウトプットの訓練を惜しまずにやっておかないと**、どんなに熱い気持ちを持ったとしても、深く考える力がないため、ゴールに近づくための重要な**「各論」を採掘することができません。**

有名コラムニストに学ぶ、情報の収集と加工技術の磨き方

何かを成し遂げようと情熱を持った際、その事柄に対する「探求心」は最高レベル

に達するはずです。

マイニングスキルとは、**自分の脳の中をどれだけ採掘できるか**。脳の中になければ、**外部の情報リソースをどれだけ採掘できるか**、というスキルです。

自分の脳についてだとイメージしづらいでしょうから、外部の情報リソースで考えてみましょう。

たとえば、書店や図書館です。

何かを調べたいと考えたとき、「どれぐらいの書店や図書館に足を運ぶか」です。大きな規模の図書館へ行くのもいいでしょう。専門の書店で多くの本を手に取るのもいいでしょう。

たとえ何をどう探したらいいかわからない場合でも、専門家が書いた関連書籍を手に取って眺めることは意味があります。

私は10年前から9年間、「日経ビジネス」で、6年前から「Yahoo!ニュース」で、2年前から「ニューズウィーク日本版」でコラムを執筆しています。

「Yahoo!ニュース」のオーサーカンファレンスで出会ったジャーナリスト、コラムニストの方々と情報交換させていただくと、そのマイニングスキルのすごさにいつも驚かされます。

2000〜3000字ぐらいの記事を執筆するのに、日ごろからどれほどの情報に接し、採掘しているか。想像できるでしょうか。

SNSが普及し、誰もがメディア媒体を持てる時代となりましたが、やはりプロフェッショナルは、情報の収集と加工技術が違います。

ある有名コラムニストの方から、**図書館や書店は、情報を調べるための、または、考えるための「切り口」を得るのに、たいへん重要な手掛かりを与えてくれる**と教えていただきました。

たしかに、リアルな書店や図書館なら、ある「切り口」によって、体系的に分類・整理されて本が並んでいます。本の中も、何らかの「切り口」によって、索引が整理され、網羅的に書かれてあります。読んでいるといろいろな知識との出会いがあります。

そこがインターネットで情報収集するのとは、大きく異なる点です。

ネットでは、自分の狙った情報・知識の断片しか手に入りません。新たな発見・出会いに乏しく、その分野の知識を抜け・漏れなく得ることは非常に困難です。

情熱は「視座の高さ」でわかる

危険を顧みず、大海原へ出かける冒険家は、いかにも情熱がありそうです。しかし、どんなに勇敢な冒険家であったとしても、それなりの海図が必要です。

おおざっぱでもいい。目的地に到達するまでの全体像がないまま、小さな舟で漕ぎ出すのは危険すぎます。海図があることで、視座を高くすることができ、視座を極限までアップすることで、世界を自分の視野におさめることができます。

私が本書で最もお伝えしたいのは、

「情熱とは『視座の高さ』に強く関係する」

ということです。

どんなに「熱い気持ちがある」と言っても、視座が低ければ、すぐ問題に直面します。

たとえば、中小企業診断士の資格を取ろうと考えた場合、まず何をするでしょうか。

そもそも中小企業診断士とは何か？

何のために中小企業診断士になるのか？

資格を取ったらどうしたいのか？

そのような「あり方」をまず押さえるのは当然ですが、実際に資格を手に入れるための「やり方」を考えるなら、第一に「どんな試験科目があるのか？」多くの人は、まずそれを調べるはずです。

書き出してみると、次の7つの科目があることがわかります。

①経済学・経済政策
②財務・会計
③企業経営理論
④運営管理
⑤経営法務
⑥経営情報システム
⑦中小企業経営・政策

視座を高め、これら7つの科目を眺めます。ですが、それぞれの科目には奥行きがない。ですから「経済学・経済政策」とは何か？　「経営法務」とは？　「中小企業経営・政策」とはどんなものか？　次は、それを調べることになります。

テキストなどを手にしてパラパラめくるだけで、何となく掴めてくるでしょう。それぞれの科目に奥行きが出てきますので、自然と視座が高まります。

そして、

「かなり性根を据えて取り掛からないと、中小企業診断士なんて合格しない」

ということが、わかってくるかもしれません。

視座を高めれば高めるほど、視野が広がります。世界が広がり、やらなくてはならないこと、知らなくてはならないことの多さに愕然《がくぜん》とすることでしょう。

アクションプランは階層構造を成し、同時並行であれやこれやと試行錯誤を繰り返しながら突き進んでいくことになります。

視座が高くなると、空の高いところを飛んでいるような気分になります。高所恐怖症の人は、すぐ低い場所へ戻りたいと思うかもしれません。

情熱は「視座の高さ」に強く関係する

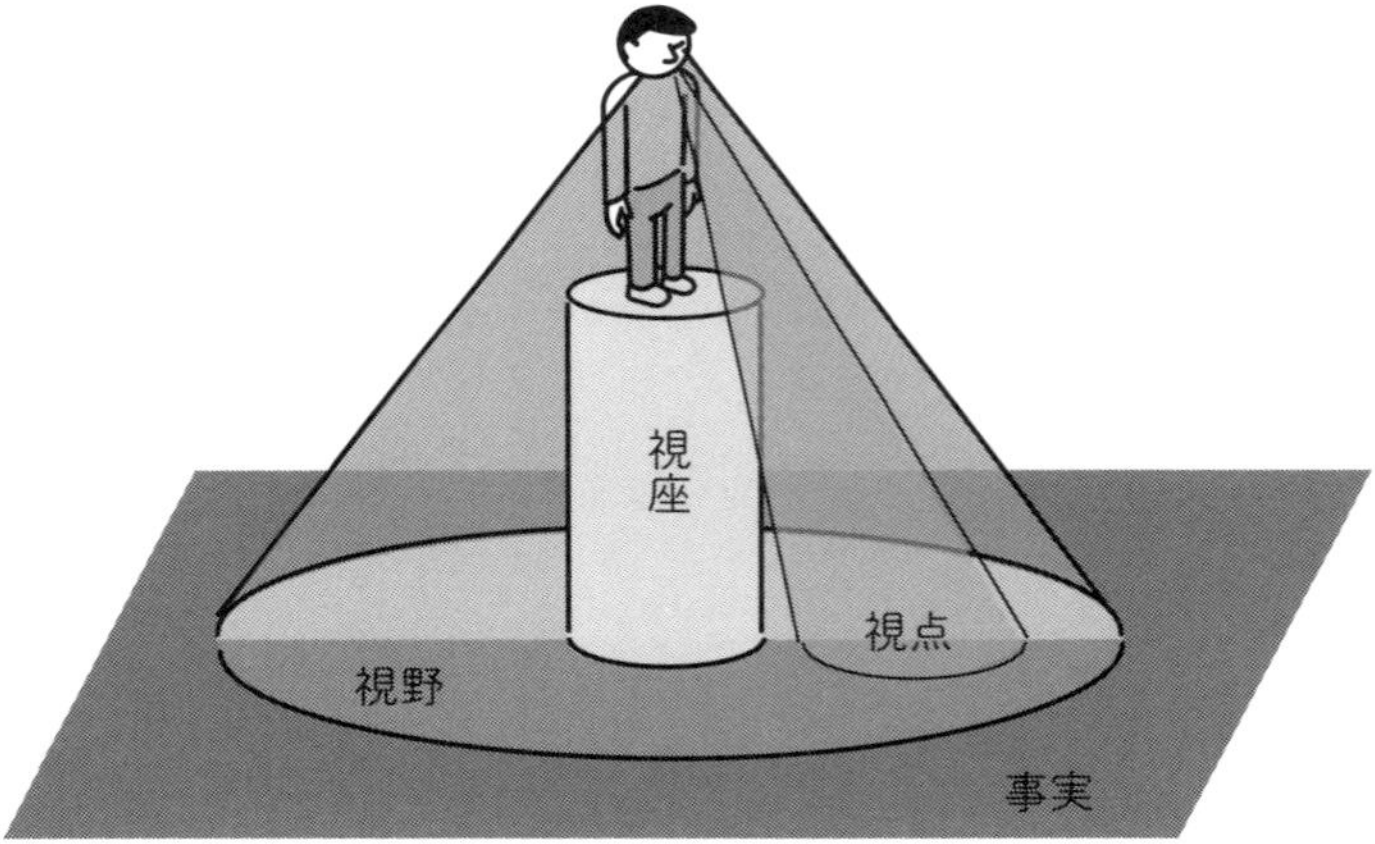

視座を高めれば高めるほど、視野が広がる。
そのときに見える世界に、怖気づくか？
それとも、怖気づかず覚悟を決めて進むか？
どちらを選択するかで「熱い」か「熱い系」かが決まる。

もし、それで怖気づいてしまうのなら、単に熱におかされた人。「熱い系の人」だった、ということです。

視座を高め、視野の中にその世界をおさめることで、覚悟が決まります。

そして、バーナーで空気を熱して空高く舞い上がる熱気球になったつもりで、ハートに火をつけるのです。

第2章

「熱意」「情熱」「熱量」の正体

自分を熱くする「背景知識」

第1章では、熱い人の分類について解説しました。ひとえに「熱い人」と言っても、いろいろなタイプの人がいるものです。

そのことを知ったうえで、では**自分が何かを達成したいとき、ハートに火をつけるにはどうすればいいのか。その技術を理解するための「背景知識」**について、この章では解説します。

すぐに「自分を熱くする」技術を知りたいという方は、「第4章　ハートに火をつける技術」へ飛んでもいいでしょう。

しかし、準備を怠ってはいけません。

手っ取り早くうまくいく方法を知りたがる人は、本当の熱い人とは言えません。必要なときに、必要な分だけ、自分を熱くすることができるようになるために、前提となる「背景知識」を身につけましょう。

この章では、誰もがふだんから使用している表現――**熱意や情熱、熱量などの用語**

を正しく理解し、うまく使いこなせるようにする秘訣をお伝えします。

まずは「熱意」からいきましょう。

「1分」ではなく、「1時間」話せるか？

「1分で話す」ほうがいいのか？　「1時間は話せる」ほうがいいのか？

2018年に出版された伊藤羊一著『1分で話せ』は、30万部を超えるベストセラーとなり、今もずっと売れ続けている人気書籍です。

シンプルに短く話す技術は、昔から重要と言われてきました。エレベーターに乗っている間に投資家を口説く技は「エレベーターピッチ」と呼ばれ、世界中の起業家が日々鍛錬し、この技を身につけようとしています。

ただ、情報を伝えるためならいいですが、**相手を動かすためなら、話は長いほうがいい**。相手の心を動かすには**「熱意」**が大事だからです。

気勢を上げても、何も伝わらない

ただ熱意と言っても、声を大きくしたり、表情を険しくしても相手に伝わるわけではありません。

たとえば、営業がお客様に対して、

「ぜひ、お願いいたします。このとおりです！」

と頭を下げたら、熱意は伝わるでしょうか。かえって薄っぺらく感じる人のほうが多いでしょう。気勢を上げているだけで、熱意は伝わらないのです。

他方、誰かと接しているとき、淡々とした語り口なのに、ほとばしる熱意を相手から感じた経験はありませんか。

それは、**うるさい熱さではなく、静かな情熱のようなもの**として受け止められることでしょう。

具体的により理解するために、以下の会話文を読んでみてください。研修会社の営業と、窓口になったお客様との会話です。

「御社の組織に、課題はありませんか？」

「そりゃあ、ありますが」

「当社の研修を、ぜひご検討ください。特に最近はロジカルシンキングの研修が大人気です。御社のあらゆる問題解決に役立てることができます」

「はあ」

「いかがでしょうか」

「わかりました。検討しておきます」


お客様の反応は、とても淡白。当然でしょう。たとえ快活な口調で、営業らしく爽やかに勧められても、言葉の裏に熱意が感じられません。軽すぎるのです。

そもそも、ロジカルシンキングについて、お客様が詳しく知らなかったら、意思決定しようがありません。興味も湧かないし、意思決定する判断材料もないので、背中を押されないのです。

「非言語的コミュニケーション」の重要エッセンス

コミュニケーションには、**「言語的コミュニケーション」**と**「非言語的コミュニケーション」**の2種類があります。

そして、相手の記憶に残るのは、言語よりも非言語的な情報です。話し手が何を言っていたのか覚えてなくても、印象が「快」か「不快」かは、意外と忘れないものです。

人は往々にして感情で意思決定します。心の琴線に触れるようなフレーズがあればいいですが、そうでなければ、単なる言語的情報だけでは、なかなか心は動かされない。

「非言語的コミュニケーション」というと、声のトーンや語気の強さ、表情といったものをイメージすると思いますが、それら以外に重要なものがあります。

その重要なエッセンスは、先述の研修会社の営業パーソンが次のような言葉を加えていった会話文の中にヒントがあります。最後まで目を通し、想像してみてください。

「よろしければ、なぜロジカルシンキングが、組織の問題解決をするうえで重要か、少しご説明させていただいていいですか？」

こう言われたら、お客様は、たいていの場合「なら、どうぞ」と答えるでしょう。

「それでは、お話をさせていただきます」

こう言ってから、この営業パーソンが、今の時代、日本企業における代表的な問題点を、統計データを持ち出して説明し始めたら、どうでしょうか。しかも正しい理論と手順で解決しないと、どのような結末を迎えるのか、多くの事例とともに解説し始めたとしたら……。

お客様はちょっと聞く耳を持つかもしれません。

さらに、日本の学校教育は、「答えのある問題」を中心に扱うが、社会人になると「答えのない問題」に直面すること。そして、その「答えのない問題」を解決するためには、筋道を立てて推論し、自分なりの言葉で主張できるようになることが大事であると、理路整然と話したとしたらどうでしょうか。

さらに、「答えのない問題」を解くためには、仮説の立て方が重要で、その仮説の精度を上げるためには、理論よりも技術が大切。そして、その技術はトレーニングでしか体得できないと、これまた筋道立った説明で話したとしたらどうでしょうか。

お客様が「へえ」とか「ふうん」とか言って、関心を持って聞いていたら、この営業パーソンの「喋り」は止まらないことでしょう。

問題を「4つのW」と「2つのH」で掘り下げると解決策を導きやすくなるといった話であったり、3つのフレームワークを使うだけで、たいていの組織の問題は見える化できる、といったことを言ったとしたら、どうでしょうか。

お客様は唸《うな》るかもしれません。

そして、

「よくわからないけど、あなたが勧める研修が、わが社にも必要な気がしてきた。よかったら、また別の日に来てくれないかな。人事部の部長に引き合わせるから」

と、興味を示すかもしれません。いったんは「検討します」と、つれない返答をしていたにもかかわらず、です。

ポイントは、「よくわからないけど」と、お客様が言っていることです。これは、営業パーソンの熱意に気圧《けお》され、心を動かされてしまった証拠。

人事部の部長から、

「なぜ、その研修会社の営業に会わなくちゃいけないんだ」

と問い詰められても、

「いいから会ってもらえませんか。会えばわかると思います」

としか説明できません。言語的な情報を、正しくキャッチしていないからです。

「話力」以上に熱意を伝えるもの

普通、聞き手は、話し手のどんな情報から熱意を感じ取るのでしょうか。

声のトーンや、語気の強さ、表情などからも受け取ることでしょう。しかし、実際には、それだけでは不十分。

では、何か？

それは**「探求心」**です。

話し手の言動の中に、強い「探求心」が垣間見えたときにこそ、より多くの熱意を感じ取るのです。

では、探求心には何が必要か？

知識や情報の掘り下げです。

誰かから聞いた話を相手がそのまま言っているのではなく、**その知識や情報を深く掘り下げた過去が感じられると、聞き手は無意識のうちに引き込まれます。**

たとえ上手に話せなくてもいいのです。というか、うまく話せないほうがいいかもしれません。

魚類学者「さかなクン」の話に説得力があるのは、「TVチャンピオン」で5連覇するほどの知識があるからです。

大事なのは、話力ではなく知識の量です。

圧倒的な知識量を手に入れれば、自然と探求心が芽生え、その探求心がさらに知識を欲するようになります。さらに、膨れ上がった知識は、いずれ相互に化学反応を起こし、熱を帯び始めます。

ですから、少しでも相手が興味を持ったら、スイッチが入って話が止まらなくなるのです。

人を動かすためには、「1時間」は余裕で話せるぐらいの知識量を身につけましょう。

知識は、知識を引き寄せますから、あとは知識の海に身をゆだねればいいのです。

熱意を傾けるその事柄について、1時間以上は余裕で話せるか。

それが、熱意があるかどうかのバロメーターと言えるでしょう。

熱意は「点」、情熱は「線」

ここまで「熱意」について簡単に解説しました。

次は「**情熱**」です。

読者の皆さんの中に、情熱という言葉を聞くだけで熱くなる人はいませんか？

熱意という表現より、情熱という言葉のほうに私はロマンを感じます。熱意や熱量、熱血などと異なり、押しつけがましい感じがないせいか、情熱という言葉そのものに憧れを抱くことさえあります。

「もっと社会や会社に貢献したいという情熱を持ちたい」

「君の仕事ぶりには情熱が感じられない」

一般的に、情熱という言葉はこのように使うわけですが、**熱意が表層的な感じがするのに対し、情熱には深淵さがあります。**奥深い淵から湧き上がってくる、静かな熱さ――。そんな感覚を覚えます。

熱意や熱量のようなものは、瞬間的に脳にアドレナリンを分泌させて気持ちを高ぶらせることで、一定量は手に入れられます。

一方、**「情熱」は、一瞬で入手できるものではありません。熱く猛々しい気持ちを一定の期間、持ち続けることによってのみ、手に入れられるもの**です。

その証拠に、「あの人は情熱が高い」とか「情熱が少ない」といった使い方はしません。普通は、「情熱がある」「情熱を持ち続ける」と言います。持続性の高い熱い気持ちを情熱と呼ぶのだと私は思います。

熱意が表層的で「点」であると考えると、情熱は奥深い「線」状のものであると捉えると、わかりやすいでしょう。

情熱とモチベーションの関係

一般的に、情熱を理解するのに、「モチベーション」という言葉を持ち出します。

そもそも、このモチベーションという概念は、比較的新しいものだということをあまり多くの人は知りません。

統計によると、この言葉がメディアで取り上げられ、一般的に使われるようになったのは2001年以降のようです（坂口孝則著『モチベーションで仕事はできない』参照）。

情熱よりもモチベーションのほうが、カジュアルに使える分、一般的な職場でよく使われるようになりました。

そして、情熱と違うのは、言葉の使い方。「モチベーションが高い」「モチベーションがダウンしている」というように、「高い／低い」「上がる／下がる」といった変化が取り沙汰されることです。

情熱というのは、モチベーションと比較して、あまり起伏がありません。途絶えることなく、脈々と流れる熱い感情です。

モチベーションは断片的で、途切れがち。だから、「モチベーションを上げないといけない」「今期は高いモチベーションを維持させないと」と言い聞かせたくなります。

私は、情熱とモチベーションの関係を次のように見ています。

それは、「高いモチベーションを保っていると、いずれ情熱に形を変えていく」というものです。

モチベーションが情熱に変わった人

私は、ある企業の採用担当をしていた女性からこんな話を聞きました。

社長から「来期は、5人の優秀な学生を採用してほしい。頼んだぞ」と言われたとき、モチベーションがかなり上がったと言うのです。

人事部で働いていた彼女は、それまで直属の上司から褒《ほ》められたことがなかったそうです。このため、社長からかけられた言葉が、よほどうれしかったのでしょう。社長のためにも、何とか優秀な学生を1人でも多く当社に入ってもらいたい、そのために頑張ろうと熱くなりました。

その後、彼女の努力の甲斐もあり、見事に目標は達成。社長からはもちろんのこと、直属の上司からも手放しで褒められ、「来期も頼んだぞ」と言われます。

翌年からも、高いモチベーションで採用活動に取り組み、優秀な学生たちを入社させた彼女は、いつしかこの仕事に情熱を傾けたいという強い気持ちを持つようになりました。

「優秀な学生はどこにいるのか。どうやったら接触できるのか。わが社のような知名度のない中小企業のどこに魅力を感じてくれるのか」

強い好奇心が芽生えます。

次から次へと浮かび上がる疑問を解消しようと、思いつくままに専門家のところへ足を運びます。本を読み漁《あさ》り、休日に自費でセミナーに通い続けます。大学へ出向き、学生たちにアンケートを行なって、何カ月もかけて意識調査をしたりしました。

周囲の人は、「なんて情熱だ」「彼女の情熱がすごい」と評します。そして、彼女の仕事に対する情熱が、学生たちにも伝わっていきました。

「こんな人が働く会社で、私も働きたい」

「私が入社を決めたのは、○○さんに憧れたからです」

このように入社を希望する学生が増え、毎年優秀な人財が入るようになったのです。社長は感嘆しました。

「話し方もうまくないし、どちらかというと不器用な人だったが、何よりも情熱がすごい。彼女に憧れて入社した新入社員は、みんな優秀だ。企業にとって、若くて優秀な人が増えることほどうれしいことはない」

モチベーションの高め方を知る前に、見極めるべきこと

情熱とモチベーションは、外からではなく内側から熱いものが湧き上がってくる印象があり、似ています。

そして、情熱が、高いモチベーションを維持した先で手に入るものだとして、ではモチベーションはどうすれば高められるのでしょうか。それを知りたいという人も多いことでしょう。

私は過去10年で、のべ1万人以上をセミナーや講演に動員しています。そして、会

場に足を運んでくれた方々が、最もアンケートに多く書いたキーワードは、ダントツで「モチベーション」だということも知っています。

「部下のモチベーションを上げる方法を教えてほしい」

「どうやったら若手のモチベーションを高くできるか」

モチベーション、モチベーションと、やたらと口にする人がいますが、大事なことを忘れてはいけません。

そもそもその人自身がモチベーションをアップさせられる体質になっているかどうか――。

まずこれを見極めるところから始めるべきだ、ということを。


食欲や性欲、睡眠といった「生理的動機づけ」ならともかく、一般的に使われるモチベーションとは**「内発的動機づけ」**のことを指します。義務や賞罰によっての動機づけ――「外発的動機づけ」と区別されていますから、内側から湧き上がってくるものです。

したがって、自分自身に興味、関心があるかどうかが「内発的動機づけ」を決定させる要因となるのです。

ただ、堂々巡りになりますが、何かに興味や関心を持つには「攻め」の姿勢が大事です。「待ち」の姿勢では、何事にも興味を持たないし、知的好奇心が芽生えることもありません。

極端な話、生まれたときから、何となく気分の向くままに生きてきたら――つまり外発的動機づけがゼロなら――興味関心を持つ対象も、かなり限られてきます。

偶然にどこまで期待するか

興味、関心は、接触頻度に左右されます。親が不動産事業をしているなら不動産に、家族で洋服店を営んでいるのなら、服飾に関心を寄せる子もいるでしょう。兄が野球をやっているのなら野球。スキーが盛んな地方に生まれたなら、スキーに。

身近な人の仕事や趣味に興味を覚えないなら、テレビや雑誌、YouTube等に触れているうちに、何かに関心を抱くかもしれません。

このように、**きっかけの大半は、すべて偶然**です。

しかし、恋愛と同じで、何らかの偶然を期待していたら、いつまで経ってもすばらしい「出会い」はありません。

つまり、社会人になるまでの間、「やりたいことが見つからない」と口にする若者が多いのは、外発的動機づけよりも、内発的動機づけに頼って生きている人が増えたからではないでしょうか。

モチベーションを高めやすい体質になる、基本的な流れ

高校生になる私の息子はサッカーに興味があります。3歳のころから地元のサッカーチームに所属させたからです。中学生の娘は水泳です。水泳に打ち込んでいて、部活で夏休みもほぼ毎日5キロメートルぐらい泳いでいるようです。0歳のころから水泳を習わせているからです。

私はというと、料理をするのが好きです。強い関心があり、探求心も旺盛《おうせい》だと自負しています。

しかし、それは、青年海外協力隊時代、自ら料理をしなければならない環境に身を置いていたからです。そうでなかったら、そんな好奇心は一生芽生えなかったかもしれません。25歳ごろまで、まったく料理に興味など持つことはなかったですから。

このように**「強制」とか「義務」といった外発的な動機づけがきっかけ**で、やっているうちに興味を持ち、自らモチベーションを高めるようになることは多くあります。

したがって、何もないところから突然「内発的動機づけ」が出現することは少なく、順番としては、

外発的動機づけ↓行動↓探求↓興味・関心↓内発的動機づけ↓モチベーションがアップ↓高いモチベーションを維持↓モチベーションを高めやすい体質になる

という流れが、最もありがちなケースであろうと思います。

自分の〝体質〟を見る方法

古い世代の人がよく、昔のことを思い出して、「修羅場をくぐってきた」などと言います。一般的に「修羅場をくぐってきた」とは、激しい葛藤を覚えるような悲惨な状況に耐え、乗り越えてきた過去を指します。

程度はともかく、それなりに修羅場をくぐってきたからこそ、少々苦しい状況に追い込まれたとしても耐えられると言いたいのでしょう。

私と同世代の、50歳前後の人なら、「私は、それなりに修羅場をくぐってきた」などと、今でも使うと思います。

今どき「修羅場」という言葉を使う人は少なくなったかもしれません。しかし、修羅場をくぐってきた過去がなくても、若いころに、外発的動機づけが少ない環境に身を置いていたら、モチベーションを高めやすい体質にはなりません。

先天的にストレス耐性が高ければいいですが、そうでなければ、社会人になったあと、苦労するかもしれません。

上司からちょっと指示を受けただけで「やらされ感」を覚える。

自分に火をつけたとしても、なかなかその火が継続して燃えないという現象を目の当たりにする。

そのような困難が立ちはだかる可能性があります。

どうしたらモチベーションをアップできるのだろうと考える前に、そのような体質になっているか自問してみるのです。自分の体質はどうなのか、**過去を振り返ってみましょう。**

ちなみに私は、普通の人よりも、モチベーションを高くできる体質であろうと自負しています。それは先天的なものではなく、環境因子によって後天的に身についたものだと受け止めています。

父が酒とギャンブルに明け暮れ、家庭が貧しかったのも理由の1つですが、それだけでなく、不自由な環境に身を置いていた期間が割と長かったからだと思います。

自分の〝体質〟は、炭なのか、それとも、普通の木なのか

「モチベーションを高めやすい体質」といってもわかりづらいでしょうから、「炭」にたとえてみます。

炭（木炭）というのは、木を燃やしたあとの「燃えカス」ではなく、蒸し焼きにして炭素だけにしたものを指します。

炭の原料となる木材は、セルロース（繊維）や、炭素、酸素、水素などの物質で構成されていて、蒸し焼きにすることで、炭素や水素がガスとなって揮発し、炭化が進むそうです。

つまり炭は、ガス成分が揮発し、残った材質が炭化して固まったものということですね。

木を燃やすと、普通は灰になりますが、炭は違います。

元の木材の組織は残っていて、しかも、小さな孔が無数に空いています。なので、酸素が内部にたくさん入り込み、普通の木よりも燃えやすく、火持ちが良くなるそうです。

何が書きたいかというと――。

「なかなか体重が減らない」と言う人がいますが、体重を落としやすい体質の人と、体重を落としにくい体質の人がいます。

それと同じように、「モチベーションを高めたい」と言っても、そもそもモチベーションを高められる体質なのか。つまり、「普通の木なのか、それとも炭なのか」ということです。

学生時代や社会人になってからの数年間に、どれほど外発的動機づけによって鍛えられ、良質な炭になっているか。最高級の「備長炭」とまではいかなくても、もし鍛えられていない単なる木材のままなら、火をつけられても不平不満しか口にしませんし、どんなに「やる気あります」と言っても長続きしません。

たとえ何らかのきっかけで意欲がアップしても、すぐに「これでいいのだろうか」「なんか違う気がする」とグズグズ言い出し、頭から煙を出します。このように、一心不乱に燃えることができず、継続して没頭できないのなら、良質な炭になっていない、ということです。

下世話な表現かもしれませんが、過去に「焼き」を入れられていない、という証拠なのです。

情熱がない人が情熱を持てるようになる方法

では、情熱がない人が、どうやったら情熱を持てるのか。

92ページに書いたとおり、**「外発的動機づけ」からスタートする**のです。外部からの強制、義務がないとしたら、自分でつくるしかありません。

最も身近で、手っ取り早くできるのが「気合い」です。気合いを入れるのです。

「やりたいことか」とか、「好きなことか」は関係がなく、**何らかのきっかけでやらなくてはならなくなったことがあれば、一所懸命にやりましょう。そのために「気合い」を入れるのです。そして「限界だ」と思えるほどに徹底してやり、その事柄を探**

求するのです。

情熱などなくても、勉強ぐらいできます。最初は「やらされ感」しかなくても、一向にかまいません。

勉強し、探求し、考え、創意工夫し、目標に向かって行動し続けることで、「炭」のように鍛えられます。

そして、いつの間にか体の中に「種火」ができあがって、ひょんなきっかけで突然それに火がつき、情熱の炎が燃え上がるのです。

私のまわりには、そのような方々が多くいます。

92ページの順番を、さらに追記すると次のようになります。

外発的動機づけ↓気合い↓行動↓探求↓興味・関心↓内発的動機づけ↓モチベーションがアップ↓高いモチベーションを維持↓モチベーションを高めやすい体質になる↓周囲からの評価・賞賛など↓さらにモチベーションがアップ↓情熱の醸成↓情熱（資産）の蓄積↓信念・哲学の確立

こう見ると「情熱を持て」と言われても、そう簡単ではないことがわかります。

「情熱などは、あとからついてくるものだ」と割り切るぐらいがちょうどいいのです。

そう思って、とにかく目の前のことを一心不乱にやってみる。

そこから始めることが大事です。

「気合い」を入れる有効性――精神論ではない「気合い」

ここで、「気合い」についてもう少し触れていきましょう。

何をするにしても、**「気合い」ほど手軽に使える武器は他にない**と私は思っています。

気合いは、いわゆる「気合いと根性」と言い、根性という表現と対《つい》で使用されることが多い言葉です。

しかし、両者の意味はかなり違います。

「島国根性」とか「野次馬根性」と言うように、根性は、その人の気質・性質を表していきます。根っことなる性分のようなものです。

一方、**気合いは、精神を集中させて気持ちに勢いをつけること**。根性とは、ずいぶん異なる意味合いを持っています。重い腰を「えいや」と上げるときに使う勢いと同じです。

惰性でし続けている何らかの行動を中止するとき。

方向転換するとき。

反対に、何かを新しくスタートしようとするとき。

こういったときに頼る「気持ちの勢い」と言えばわかりやすいでしょう。

「気合い」という便利道具を活用する

気合いは、誰もが使える、とても便利な道具です。

「なかなか読書ができない」と嘆く人がいますが、これも気合いを入れたらできます。

「ダイエット中なのに、ついつい甘いものを食べてしまう」と悩んでいる人も、気合いで解決できます。

仕事に情熱を傾けるには、気合いでは不十分ですが、1時間でいいから集中して勉強したり、30分でいいので深く考えたり、専門家に連絡を入れて質問したりするのは、気合いがあればできます。

情熱はもちろんのこと、モチベーションさえなくてもできます。

ただ、「気合いで自分を動かすことを稚拙だ」と受け止める人がいることも事実です。

だから、

「気合いでやれと言われても……」

と多くの人が口にしますが、それは勘違い。

「何をやるのに、どんな武器が必要か」ということを、まず知るべきです。

たとえば、割り箸を割るには、手を使えば間に合います。木の枝を切るにはノコギリを使えばいい。丸太を切るにはチェーンソーが必要でしょう。

つまり、気合いだけで、いったい何ができるのか。

それを整理しておけばいいのです。

成果を出すことは難しいものです。けれども、何か特殊な障がいがない限り、**気合いだけで「初動」で悩むことからは解決します。**

情熱は、炭に火がついているような状態と考えると、気合いは、紙や新聞紙に火がついているような状態のことです。引火しやすいですが、消えるのも早い。その特性を利用するのです。

自分を熱くする最小単位「気合い」――小さな「きっかけ」づくり

持続性が必要ならモチベーションが必要です。深さを求めるなら、情熱があったほうがいいでしょう。

しかし、情熱もモチベーションもなく、気合いしかなくても、意外といろいろなことができます。特に、小さなきっかけづくりには、最強の武器です。

部屋の整理整頓をしなくちゃいけないのに、やる気が出ないときってありますよね。その際、「10分間だけ、整理整頓しよう」と決めます。どんなに気持ちが乗らなくても、10分ぐらいの整理整頓なら気合いでできます。

10分間でやめたくなったらやめればいいですが、整理整頓をしているうちに、「身の回りがきれいになると、気持ちがいい」と思えて、**やる気がアップしたら、20分でも30分でも整理整頓に励めばいい**のです。

ついつい先送りしてしまう業務もそうです。「やらされ感」を覚える仕事も同じです。

どんなにモチベーションが上がらなくても、10分なら気合いでできます。

意欲的になるきっかけを、「気合い」という武器がもたらしてくれるのです。

そう考えたら、

「気合いでやれと言われても……」

とグダグダ考える必要がなくなります。


行動することで脳が活性化し、やる気が起こるのは、ドイツの精神医学者クレペリンが発見した**「作業興奮」**という脳の現象によるものだと言われています。

一度、行動をスタートさせることで徐々に気分が乗ってくるのは、やる気にかかわる脳の器官（側坐核など）が活性化し、脳内が興奮状態になっているから。

しかし、この作業興奮を味わうには、**最低でも10分は脳への継続した刺激が必要**と言われます。つまり、モチベーションを上げるためには、気合いで10分は頑張って行動を起こせばいいのです。


気合いで小さなきっかけを次々につくっていく――。

そうすることで、私は人生の質をも変えられると思っています。ちょっとしたことでも、「えいや」と自分の気持ちに勢いをつけるのです。

モチベーションを上げたかったら、上げるきっかけを気合いでつくることができるし、それがいずれ情熱の火を燃やすきっかけになるかもしれないのです。

自分を熱くする最小単位は「気合い」なのです。

「気合い」を入れるビフォーアフターを感じてみる

私はいつも、気合いを入れる前（ビフォー）と、気合いを入れたあと（アフター）について、真剣に考えるクセがあります。特に仕事中に、そうしています。

「わかっちゃいるけど、なかなかできない」ってこと、誰にでもあります。

どんな小さなことでもかまいません。

筋トレでもいいし、ランニングでもいい。読書でもいい。目の前のビールや甘いものを我慢することもそう。めんどくさい人への電話も、上司への毎日の報連相も、なかなかできない……。

こういう人もいるでしょう。

私がついつい「やらない決断」をしようとするとき、いつも必ず思い描くことがあります。

それは、

「もし気合いを入れてやったら、そのあとにどんな気分になるだろう」

ということです。

「考える」と書きましたが、「感じる」が正しいでしょう。

たとえば、私は筋トレをすることが習慣になっていません。無意識のうちにできないですから、やるには気合いが必要です。

しかし「気合いを入れるだけ」とわかっていても、これが意外にできないですよね。

1時間、2時間、何かをするというのではなく、ちょっとでいいから「えいや」と自分を奮い立たせるだけなのですが、それが容易にできないものです。

「感覚レベル」を設定し、数値化する

そこで、私は気合いを入れる前に、**気合いを入れる前（ビフォー）と後（アフター）では、自分の感覚レベルがどのように変わるのかを思い巡らせる**ようにしています。

感覚レベルとは、自分の生理現象に意識を向け、**10点満点で数字をつける**のです。ポジティブな感覚であればプラス。ネガティブな感覚を覚えていたらマイナスにします。

たとえば、とてもやる気あふれる気分を味わっているときは「プラス7」とか。ちょっと意欲的なときは「プラス2」などとします。気分が乗らないときは「マイナス3」。かなり落ち込んでいて、心が冷え込んでいるときは「マイナス6」などとします。

そもそも、「今やったほうがいいことをやりたいと思えない状態」なら、現在はポジティブな感覚を持っていない証拠です。感覚レベルは、だいたいマイナスの数値になるはずです。おそらく「マイナス1」とか「マイナス2」ですね。

私が筋トレをする気分にならないとき、だいたい感覚は「マイナス2」ぐらい。頭

では「やったほうがいい」とわかっているのですが、「何となくやる気にならない」「何となくダルい」という感じなのです。

一方、こういうときでも無理して筋トレすれば、気持ちがスッキリすることは以前から、わかっています。

それなりに負荷をかけて腕立て伏せ、腹筋、スクワットをやった場合、感覚レベルは「プラス2」ぐらいにはアップします。

それだけでも悪くはないですが、5つのステップからなるバーピーや、ジャンプスクワットといったハードなトレーニングを複数回組み合わせると、私の場合、かなり息切れして頭が真っ白の状態になります。

コンディションにもよりますが、負荷を上げることで感覚レベルは「プラス5」ぐらいまではアップします。汗だくになり、床に臥せって立てなくなるほど追い込んだとき、ものすごい充実感を覚えます。

トレーニングしている最中は苦しくて仕方がないですが、その後の爽快感は何とも言えません。筋トレ後、冬でも水シャワーを浴びるのが私の日課で、水シャワーを浴びると体が火照り、これからやるべき仕事を片っ端から処理してやろうという強い気持ちが内側から盛り上がってきます。

病気のときはいけませんが、少々ダルいときなら、まず100%の確率で、ハードなトレーニングをすると熱い気持ちになれます。

このように、気が進まないときでも、「えいや」と自分に気合いを入れ、**先送りすることなく、やりきったあとの爽快感を、常に感覚レベルとして覚えておきます。**何となくではなく、数字として記録するといいと思います。

「感覚レベル」の手順

今まで解説してきた「感覚レベル」の話をまとめると、次のようになります。

気分が乗らない（マイナス2）→気合いを入れる→行動をスタート→やりきる→爽快感を覚える（プラス5）

この感覚レベルの移り変わりを、常に頭の中に入れておきましょう。気合いを入れてやるだけで、冷えた心に、大きな火がつきます。

反対に、気合いを入れることなく、そのまま先送りをしたら、次のようになります。

気分が乗らない（マイナス2）↓グズグズ悩む↓何もやらない↓自己嫌悪を覚える（マイナス3）

何もやらないだけで、一段と心が冷え込んでいきます。マジメな人ほど、自分に対する失望感が増えることになります。

気合いを入れてやる前（ビフォー）と、やったあと（アフター）との感覚レベルを冷静に分析する。

そうしてから、次に取る行動を選択しましょう。

自分を律してやる（やらない）ほうがいい場合は、気合いで自分の精神をコントロールするのです。

また、**やりきったあと、感覚値が大きくプラスになったとき、アンカーを落とすと**、**さらに効果的**です。気分が乗らないときでも、アンカーを落とした部分を刺激して、

気分を高揚させることができるからです（アンカリング効果については、205ページ参照）

自分も他人も気づいていない自己を開く——「ジョハリの窓」

「ジョハリの窓（Johari Window）」をご存じですか。

「ジョハリの窓」とは、自己分析に使う心理学モデルの1つです。

自分自身が見た自己と、他者から見た自己を、次の4つの窓に分けて自己分析するというものです。

（1）開放の窓——自分も他人も知っている自己
（2）盲点の窓——自分は気づいていないが他人は知っている自己
（3）秘密の窓——他人は気づいていないが自分は知っている自己
（4）未知の窓——自分も他人も気づいていない自己

ジョハリの窓の「未知の窓」を開くために

	自分は知っている	自分は気づいていない
他人は知っている	**「開放の窓」** 自分も他人も知っている自己	**「盲点の窓」** 自分は気づいていないが他人は知っている自己
他人は気づいていない	**「秘密の窓」** 他人は気づいていないが自分は知っている自己	**「未知の窓」** 自分も他人も気づいていない自己

「未知の窓」を開くのに、コンサルタントは有効。
では、自分自身で開くにはどうすればいいか？
それは「思い込み」を外すことからスタートする。

社員研修でよく使われる古典的モデルですから、ご存じの方も多いでしょう。

ここで注目すべきは「未知の窓」です。

自分も気づいていないし、他人も気づいていない自己です。その窓を、どうやって開くのか。多くの人が知りたいことでしょう。だから私たちコンサルタントの出番があるのです。

「私は、こんな高い目標を達成することなんてできない」

と言う人がいて、その周囲も、次のような反応をしている状況で、私たちコンサルタントは燃えたりします。

「彼には、到底ムリだろう」

「もっと目標を下げてあげないと、彼には達成できない」

未知の自己を開くうえでの最大の敵

理屈からして、どうやってでも達成できないような目標ならともかく、本人もまわりも「レッテル」を貼っているだけというケースが多々あります。

私たち外部コンサルタントのいいところは、そのような先入観がないことです。キチンとした戦略を立て、それに沿った行動計画を立てて改善を続け、達成させるように支援します。

思い込みを排除して、淡々とやっていきます。

「ムリです」

「難しいです」

とどんなに言われても、「できない理由はない」ところまで行動を細分化すれば、あとは「気合い」でやるだけ……ということが大半です。勤務時間内に終わるし、スキルも必要ありません。ただやるだけで終わる行動であれば、モチベーションも何も関係がありません。

繰り返しますが、必要なのは「気合い」だけです。

そして、**気合いでやりきっていると、そのプロセスにおいて、当事者は何度も「未知の窓」を開くことになります**。そして、その窓の向こうに広がっている世界を見て、驚き続けます。

「私に、こんなことができるなんて」

「半年前の自分では、考えられないことをやってる」

成長の実感を覚えたら、さらに未知の窓を開くようになります。周囲の人も、信じられないような目で、彼を眺めるようになることでしょう。

「以前とは見違えるようだ」

「何をやってもダメだと思っていたのに、最近の彼は自信に満ちてる」

「未知の窓」を開くために必要なこと

それでは、自分も他人も知らないような「未知の窓」を開けるために、どうすればいいか。

大事なことは、「自分のペースでやらないこと」です。

自分のペースというのは、過去のペースです。そのペースでやっているから、他の人ができることもできないのです。

マイペースを貫いていたら、どんなに自分がイメージする「ベスト」を尽くしていても、未知なる出会いはありません。

自分が勝手につくり上げた限界など、すぐに超えられます。どんな理屈も、メソッドもいりません。

必要なのは、それこそ「気合い」だけです。

なぜベテランほど、「気合い」が大事なのか？

自分も他人も知らない「未知の窓」を開きたい、自分の殻を破りたいという人は、**自分のペースでできないような環境に身を置く**ことです。

特に、年齢を重ね、それなりの要職に就いている人ほど、大事な視点です。偉い人になればなるほど、何事も自分のペースでやることが許されてしまいます。

私たち外部のコンサルタントが、組織改革のためにクライアント企業に入ると、ベテランの部課長ほど、私たちを煙たがります。

私たちが支援する内容には、それほど異を唱えません。それどころか、私たちが提唱するやり方を認めてくださるケースのほうが多いのです。

「横山さんが開発した『予材管理』を、当社にも導入したい」

「あなた方が言っている絶対達成の考え方で、組織を変えていきたい」

しかし、方法論は取り入れたくても、実際の運用までは介入してもらいたくないと、多くのベテラン社員は思っています。

なぜか？

自分たちのペースが乱されるからです。

「言われたようにはやる。しかし、自分たちのペースでやらせてほしい」と主張するのです。「そのペースでは成功しない」とわかっていても、どうしてもペースメーカー役だけは譲ってくれません。

「最近の若い人は」と、口にするベテラン社員は多いですが、どんな業種、どのような規模の企業に入っても、必ず若い人から行動を変容させていきます。最初は抵抗しても、何カ月も関与していると、結果的に行動を変え、先に成果を手にするのは、決まって若い人たちです。

若い人のほうが、自分のペースで仕事ができない環境に慣れているので、我々外部のコンサルタントのペースに順応するのが速いのが原因です。

それほど「ペース配分」は、大事な成功要因なのです。

電車の時間に間に合うためには、その時刻から逆算して行動しなければなりません。時と場合によっては、歩くスピードを変えたり、小走りにならざるを得ないこともあるでしょう。自分のペースで歩いていたら、間に合うものも間に合いません。

このように、ゴールを明確にし、そこから逆算して行動計画をつくり、想定外のことがあったら、常に計画を修正し、臨機応変に行動を変える。この**変化耐性**があるかどうかです。

筋トレもダイエットも、自分のペースでやるのではなく、選任のパーソナルトレーナーと一緒にやったほうが断然効果があるのはそのせいです。

自分のペースでやってはいけません。

どうしても、これまでのペースでやりたくなったとき、私は常に「気合い」で打破しようとします。

「気合い」は、いろいろな場面で使えます。こんなに便利な武器はありません。**気合いでマイペースを打破し、「未知の窓」を開いていきましょう。**

＊＊＊

気合いを入れるというのは、マッチで火をつける程度の、瞬間的なもの。ちょっとした気持ちの勢いです。

しかし、これをうまく活用することで、モチベーションを上げたり、未知の窓を開けたり、情熱資産を蓄えることができたりするのです。

AI時代、「熱量」はブランドになる

私がパートナーを務めるアタックスグループは、創業75年の歴史を誇る、コンサルティングファームです（私は営業支援を行なうグループ会社の代表です）。

顧問先の企業の数は1300社に及び、税務会計だけではなく、経営支援、事業継承、相続問題、資産運用など、中小企業経営者が抱える諸問題に対して総合的に対処できる強みを持っています。

ですから私どもとしても、アタックスの価値は、専門的なスキルや経験、ネットワークだと信じていたのですが、先日、クライアントからのフィードバックをグループ

の役員会で共有していたときに役員たちの意表をつく回答がありました。

「貴社の税理士は熱量がスゴイ」と書かれていたのです。

当社の方針として、「顧問先は何があっても守る」ということを徹底しているので、一般的な税理士法人ではやりたがらないことまで平気でやります。加えて、経営者にとって耳の痛いことであっても、その企業のためになることであればはっきりと伝えます。

こうした企業文化としての「前のめりの姿勢」が評価されたのでしょう。

「これだけ日々、技を磨いているのに、評価されるのは『熱量』か」と苦笑していた役員も、次第に真剣な表情になり、「熱量の価値を再認識すべきかもしれない」という話になっていきました。

私は、自分の体験から「熱量はブランドになる」とわかっていたので、他の役員もその価値をわかってくれて少し安心しました。

今や財務会計をクラウド処理してくれる便利なソリューションが台頭しています。そのせいで、世の中には「税理士余り」や「会計士余り」がまことしやかに囁《ささや》かれるようになりました。

日本の中小企業はデジタル化が遅れているので、まだまだ人間が手伝える領域はありますが、それも時間の問題でしょう。

だとしたら、私たち専門家はなおさら**「ロボットには真似のできない、人間的な魅力を磨かないと勝ち残れない」**ということです。

「熱量」とは、何か？

さて、ここで出てきた**「熱量」**という表現。この「熱量」について解説していきましょう。

「熱量」とは、読んで字のごとく「熱の量」。「水量」「光量」「音量」などと同じで、計測できる「量」を意味します。

「あの人の話し方には、熱量がある」

というふうに、本来は「ある／なし」ではなく、「多い／少ない」という表現とセットで使うものです。これは、意外と重要なポイントです。

「熱い人」と「熱い系の人」との違いはわかった。しかし、「熱い人」なら、すべてよしというわけではありません。

そのレベル感を測るのに、「熱量」という表現は便利です。

現場にいると、

「あの人は口ばかりじゃなく、キチンと一所懸命努力している。熱い人だ。しかし、熱量が足りない」

と感じることが多くあります。「水量」とか「音量」で言い換えると、イメージが湧きやすいと思います。

「水があるかないかと言うと、ないわけではない。しかし、水量が足りない」

「音があるかないかと言うと、ないわけではない。しかし、音量が足りない」

人（の心）を動かすのに、「熱量」は不可欠

あなたは、お笑いが好きですか。私はお笑いが大好きです。よく子どもたちと一緒に、お笑いの番組を観て笑っています。

さてここで、こんなことを想像してもらいたいと思います。

お笑い芸人が話していることを文字に起こして、それを「音声読み上げソフト」を使って聴いてみるのです。実際にやらなくても、「音声読み上げソフト」を使うと、どうなるかイメージだけでもしてみてください。

「――ソノトキタイホサレタノガワタシノアイカタダッタノデス。イイカゲンニシロ。ドウモアリガトウゴザイマシタ――」

「音声読み上げソフト」ですから、感情が入らない機械的な声で、お笑いのネタを聴くことになります。

すると、どうなるか？

お笑い芸人が話したら、腹を抱えて笑ったネタであったとしても、マシーンボイスで聴いたら、おそらくほとんど笑えないことでしょう。クスッと笑えることがあっても、大笑いすることはないと思います。

そう、**お笑いには「熱量」が必要**だからです。

シニカルな笑いを追求する人ならともかく、そうでないなら、全力でボケて、全力で突っ込む。大げさな身振り手振り、表情、声のトーン等が視聴者の心を揺さぶります。

声が大きかったり、動きがエネルギッシュであればいいということではありません。囁くような声や、やる気のなさそうな表情を、シーンによってつくり出す演技力も不可欠です。

このように、漫才やコントを観て笑えるのは、お笑い芸人の「熱量」がすごいからなのです。

恥ずかしがる人は、「熱量」が足りない

お笑い芸人のみならず、舞台役者の演技に魅了されるのは、そこに「熱量」があるからです。監督や脚本家、裏方の皆さんにも、この舞台を成功させたいという強い熱があります。だから、観客は感動します。泣いたり笑ったり、心を躍らすものです。

「水はあるのに、水量が足りない」
「音はあるのに、音量が足りない」

という表現と同じように、

「熱意はあるのに、熱量が足りない」

のは、どういうケースか？

それは**「恥じらい」の有無**です。

緊張していたり、恥ずかしがって演技をしている人には、誰も引き込まれません。自信がなさそうにやっている漫才を観ていても笑えません。私たち、コンサルタントも同じです。

駆け出しのコンサルタントが熱量の価値を気づいた瞬間

ここで少し、**私が「熱量」の価値に気づいたきっかけ**を書かせてください。駆け出しのコンサルタントで、集客もろくにできなかったときの話です。

当時の私は、営業支援システムを開発する企業と組んで、同社のベテラン営業の方と頻繁にセミナーを開催していました。システムを売るためのセミナーですから、当然無料。

ベテラン営業の方は主にシステムの説明をするセミナーを担当し、私はより汎用的な営業マネジメントのノウハウの話を担当していました。

当時の私は30代後半。SEからコンサルタントに転職して早く結果を出したかった時期ですから、毎回が真剣勝負です。無料セミナーからいかに無料個別相談につなげ、さらに受注まで持っていけるか。そのためには、いかに受講者にいい印象を持ってもらえるか。それをいつも考えながら資料をつくり、本番に挑んでいました。

しかし、セミナー後のアンケート評価を見ると、何回やってもベテラン営業の方に勝てません。

その方が5段階評価で4・3くらいだと、私は3・8くらい……。実際、営業支援システムはよく売れたのですが、私はというと、個別の無料相談の申し込みすらほとんどないといった状態です。

毎月1~2回ペースで、東京、名古屋、大阪で開催し、10回、20回と繰り返しても、結果は同じ。セミナー会場を片付け、近くの喫茶店で回収したアンケートに目を通しているとき、ベテラン営業の方の視線が気になりました。

私に気を遣って、アンケート結果のいいものを見つけると、「横山さんの講義を評価している方もいますよ」と教えてくれました。

そのアンケートを受け取り、「参考になった」というチェックボックスに記されたレ点を確認すると、私は1つため息をつきました。頭を下げはするものの、素直に感謝の言葉が出てきません。その気遣いが、逆に私の焦燥感を募らせたからです。

「なんで、俺のセミナーは評価されないんだ。何が悪いんだ」

「コンサルタントとして結果を出したい」という気持ちは非常に強かったと思います。しかし、それだけでなく、当時開発したばかりの独自マネジメント技術「予材《よざい》管理」という手法を、世に広めたいという情熱には大きいものがありました。その熱意は、誰にも負けない自信がありました。

セミナー前日に、徹夜してプレゼン資料をつくり込み、臨んだ日もありました。しかし、それでもアンケート評価ではベテラン営業の方に勝てません。セミナー後、そのベテラン営業の方の前には、名刺交換しに行く人がいましたが、私にはありません。たまに声をかけられても、「このペットボトル、ここに置いていっていい？」と言われることぐらいでした。

いつまでも経っても個別相談の依頼が来ません。セミナーをすればするほど、時間と経費はかかるばかり。

ベテラン営業の方は、私より10歳くらい年上で、プレゼンもお手のものといった感じです。資料も非常にわかりやすく、親しみやすいお人柄です。

ただ、そうはいってもセールスのためのシステム紹介セミナーですから、定型的なフォーマットに沿って淡々と話をされるだけです。

一方の私は、目標の2倍の予材をあらかじめ仕込んでおくことで、絶対達成できる営業マネジメント手法――「予材管理」を解説することがメインのテーマ。

今でこそ「予材管理」は、私や部下たちが年間１０００人以上をセミナーに動員し、多くの書籍、ＤＶＤなどで紹介されたため著名になりました。しかし当時は、無料で私が全ノウハウを公開していたのです。

予材管理のシートを5種類、それに表計算ソフトの電子データまで無料でプレゼントしていたのに、それでもアンケート結果では勝てないのです。

もどかしい時期は1年半ぐらい続きました。

変化のきっかけとなったのは、セミナー後のアンケートに書かれていた一文でした。

「横山さんの情熱的な話し方が好きです」

くすぶっていた新人コンサルタント、「熱量」を取り戻す

正直、意外でした。

当時の私のセミナーは、先述した「予材管理」というコンテンツ勝負の典型的なプレゼンで、資料をスクリーンに投影しながら訥々《とつとつ》と語るスタイルです。熱く語ることは意識していませんでした。

ただ、結果につながらない焦りから少し感情移入していたのでしょう。しかし、それが良かったのです。

今だから言えることですが、実はコンサルタントになって初めて登壇したセミナーでは、自分の体験談を話に織り込んだり、時に感情を込めたりする少し泥臭い講義をしました。

しかし、そのプレゼンを見た当時の上長（大手外資コンサル出身）から、

「自分の色を出すな。聞き苦しい。理路整然と話せばいいんだ」

とこっぴどく怒られたのです。

それ以来、主観をできるだけ排除し、論理性や客観性を重視する講義を行なうことがクセになっていました。

しかし、上長はその後すぐに退職してしまいましたし、変化の突破口を模索していたときに「情熱」というキーワードを指摘されたわけです。

そこで私は、「乗っかってみよう」と思ったのです。そもそも結果が出ていないわけですから、何かを抜本的に変える必要がありました。

藁をもすがる気持ちで、その後は、トークに込める熱量と頻度を少しずつ増やしていきました。自分の思考や感情をコントロールするNLPを学び出したのもこの時期です。後述する「ニュー・ビヘイビア・ジェネレーター」は、特に効き目がありました。

「どうせ、自分のほうが評価が低い」

「どうせ、今日も無料相談は1件もない」

そう思いながら講義をしていたら、誰の心も動かすことはできません。

お笑い芸人でたとえると、

「どうせ誰も笑ってくれない」

と思いながら、漫才をするようなものです。当然、誰も笑いません。「絶対に笑えるネタだ」と自信を持ってやるから、観客はその「熱」に心動かされるのです。

セミナー直前にプレゼン資料を手直しするのは、もうやめました。「資料の出来栄えや、講義の中身の問題ではない」とわかったからです。

自分の思考プログラムを変える

当然、最初からうまくはいきません。

なぜなら、何度も何度も「どうせムリ」「どうせ今回もダメ」と思い続けた自分には、そのような「思考プログラム」ができあがってしまっているからです。**思考プログラムは、過去の体験の「インパクト×回数」でできています。**

これまで、たとえばセミナーを30回やってその都度「マイナス1」の自己否定を繰り返していたら、理屈からすれば、「マイナス30」の思考プログラムができているわけです。

したがって、「大丈夫だ」「自分にはできる」と、「プラス1」の自己肯定をしつつセミナーを実施しても、すでにできあがったネガティブな思考プログラムをリセット――つまり「0」に戻すには、あと30回はポジティブな気持ちでセミナーを開催する必要があるのです。

ですから、より少ない回数の体験で思考プログラムを元どおりにするには、「インパクト」を意識することが大事です。

ですから私は「ニュー・ビヘイビア・ジェネレーター」を試し続け、毎回「プラス10」ぐらいは自己変革して、セミナーに臨んだのです。

すると、「マイナス30」だった私の思考プログラムが、数回でプラスに転じていきました。

「伝える内容」は変わらないのに、「伝わり方」が大きく変わる

「水はあっても、水量が足りない」

という表現と同じで、

「熱意はあっても、熱量が足りない」状態だった私は、**熱量をさらにアップしようと、その高いロールモデルを探し、「ニュー・ビヘイビア・ジェネレーター」の技術を借りて、その人になりきる準備をしました。**そうすることで、ドンドンと講義中の熱量がアップしていったのです。

熱量に呼応するかのように、アンケートの評価はみるみる上がっていきました。手ごたえを掴んだ私は、自信を取り戻し、さらに熱量アップに磨きをかけていきました。

プレゼン資料の枚数を徐々に減らしていき、その分ホワイトボードに書くスタイルに移行（その場で文字を書いたほうが話の強弱がつくと思ったからです）。

台本どおりの進行もやめて、アドリブの比重を高めていきました。そしていつから

か、ヒートアップするとホワイトボートをバンバン叩くことがお家芸とも言えるスタイルに変貌していったのです。

気づけばアンケートの評価も逆転。無料相談も増え、予材管理コンサルティングのオファーが次々と舞い込んできました。

「横山というコンサルタントのセミナー、なかなかおもしろいぞ」という評判も少しずつ広まっていったようです。

セミナーを単独で開催しても会場に入りきらないほど人が集まるため、有料化したのは、その半年後です。

２０１１年には、日経ＢＰ社主催の「２時間２万円」の講演（定員２４０名）が、予約開始してから1時間でソールドアウトするほど、その当時私が確立したスタイルは、受け入れられていきました。

自分でも驚く劇的な変化です。もしあのとき私が「熱量の価値」に気づいていなかったら、今でもきっと、あまり特徴のない、凡庸《ぼんよう》なコンサルタントだったと思います。

当時を改めて振り返って興味深いことは何かというと、**「伝え方」はまるっきり変えましたが、「伝えたいこと」は何も変えていない**ことです。むしろ、従来のスタイルのほうが、プレゼン資料も細かくつくり込まれていましたし、受講者にとっては親切だったかもしれません。

しかし、熱量を込めたセミナーにした結果、話の解像度がほんの少し荒くなっても、その分、受講者が私の勢いに巻き込まれていくようになったのです。

このように**熱量は、理屈抜きで人を動かす力があります。**

ただ、熱量が大きければ大きいほどいいかというと、そうではありません。

大事なことは、**「熱量を意識すること」「必要なときに、必要な分の熱量を投入できるか」**。この技術が重要です。

その技術があれば、自分にドライブをかけることもできれば、正しく使いこなすことで他人も周囲も動かすことができます。その技術・テクニックは、のちほど詳しくお伝えします。

「恥じらい」が邪魔をする年齢層

熱量をアップするうえでのポイントは、先述したとおり「恥じらい」を取り払うことです。

私はよく経営者（トップ）向けの研修と、管理者（ミドル）向けの研修を実施します（若手社員向けの研修もやりますが、これはどちらかというと私の部下が担当します）。トップ、ミドル、ローワーで区別すると、研修中に、**一番恥じらいを感じるのがローワー層**です。

研修なのに一所懸命やるのが恥ずかしい。カッコつけているとまわりからバカにされると思うのか、やたらと周囲の目を気にします。

部課長などのミドル層は、上層部になるほど真剣にやります。研修に前向きに取り組まない管理職は「名ばかり管理職」と言っていいでしょう。

経営のことより、自分がまわりにどう見られているのかのほうが気になるのですから。

ローワー層とミドル層と比較して、明らかに違うのがトップ層です。

特に、企業にただ1人しかいない社長は、年齢や経験など関係がありません。研修にものすごく前向きで、積極的に発言し、他社から来ている受講者と進んで交流しようとします。

企業において、経営トップはダントツの熱量を持っているからです。

ですから、リーダーシップを発揮できる経営者ほど、恥ずかしげもなく、「私は社員を愛している」と言ったり、「会社を大きくして、みんなの夢を叶えようじゃないか」と熱く語ったりできるのです。

恥ずかしそうに、モジモジしながら社長が言っていたら、聴いている社員も照れてしまいます。

しかし、断定口調で、

「絶対にやるんだ！　だから、私についてきてほしい！」

と熱く、熱く、語ったら、多くの社員は鼓舞されます。奮い立たされるはずです。社長の情熱が伝播し、社員それぞれの情熱資産が増えます（情熱資産については、第3章で詳しくお伝えします）。

「熱量」のことを忘れそうになったら、たまにはテレビをつけましょう。あるいは、演劇を観に会場へ足を運んでみるのです。

人を笑わせたり、泣かせたりするプロの熱量を、肌で感じてみるとわかるはずです。

熱量を浪費してはならない

熱量は「熱の量」と書きます。計測でき、限りがある代物です。ということは、**使っていると、ドンドン減っていくもの**だと捉えましょう。

だから、浪費しないことです。腹が立つと、知らぬ間に熱量を消費しています。苛立っても同じこと。限りある熱量が、そこに使われてしまいます。ですから、なるべくイライラしたり、怒ってばかりしていないようにしましょう。

本書のテーマでもありますが、**大事なことは、自分の意志で自在にコントロールできること**です。

「ついイライラして、言わなくてもいいことを口にしてしまった」

「あそこまで感情的に怒ってはいけなかった。やりすぎたかな」

などと、後悔するような体験は減らしたいものです。できる限りゼロにすべきです。

カッカして熱くなると、周囲との信頼資産が目減りしますし、熱量も浪費することになります。

再び「熱量」を「水量」にたとえてみましょう。

水が溜まった貯水タンクから水を出すとき、自分自身で蛇口を操作できることが理想です。水量を調節できるからです。貯水タンクのどこかに亀裂が入っていたり、蛇口が壊れていたりすると、自分自身で水量を調節できません。

このように、限りある熱量を使いたくもないシーンで使ってしまう人は、「情熱タンク」に穴が開いているのか、壊れやすいのではないかと思います。

誰かを動かすために、「今日はどうしても熱く語る必要があるな」と思った際、必要な分だけの熱量を出せばいいのです。

熱い気持ちを伝えようとしてできない人。必要以上に熱くなってしまう人は、調整弁がおかしい可能性があります。

熱量がどれぐらいあるのかは、個人差があります。自分にどれぐらいの「熱意の量」があるかを見極め、ここぞというときに使えるように心掛けたいですね。

これが「熱量マネジメント」です。

誰をバスに乗せるか

ジム・コリンズの世界的名著『ビジョナリーカンパニー2』には、「誰をバスに乗せるか」という名言が出てきます。

この名言から学ぶべきことは、組織に誰をジョインさせるかという重要性です。「ビジョナリーカンパニー（卓抜した企業）」になるには、基準を下回る人を採用してはなりません。

基準を下回る人を採用することで、どんなにすばらしい企業も衰退の道をたどるからです。

それは、なぜか？

同書では、**「主体性を発揮できる人、動機付けが必要でない人をバスに乗せよ」**と力説しています。もしも、その基準を下回る人を組織に迎え入れた場合、組織リーダーが部下に意識を奪われ時間が増え、それがストレスとなって、彼ら彼女らのパフォーマンスを落とすからです。

本来は使わなくていいところに、限りある「熱量」を使わなければならなくなると、事業発展や社会貢献のために使うべき「熱量」が減ってしまいます。

家庭に不和があると、そこに熱量を使わなくてはいけませんし、ご自身の体調が芳しくないと、そこでも熱量を奪われます。自分の体が健康で、周囲との人間関係が良好だと、自分が持っている熱量を思う存分、使えます。

常に平穏で、「ここぞ」というときに自分を熱くすることができるよう、ふだんからの「**熱量マネジメント**」を意識しましょう。

自分の熱量を奪いそうな人や物事からは距離を置くことです。そういう人を、組織やプロジェクトメンバーに採用しないことも大事です。

また、自分の姿勢が、他の人の熱量を奪っていないかも、常にチェックしていきましょう。

第3章

人を動かす「情熱資産」

「情熱資産」とは、何か？

ビジネスの現場で「人の情熱が本当に大事だ」と痛感するのは、複数の人を巻き込んで物事を動かす場面ではないでしょうか。

個人で抱えているタスクは熱を込めなくても淡々とこなせる方は多いかもしれませんが、プロジェクトを動かすような場面で、**リーダーに情熱が感じられないと、そのプロジェクトはまずうまくいきません。**

プロジェクトを動かす立場にいる私の部下やクライアントに情熱の必要性を説明するために、私が最近よく使っている概念として**「情熱資産」**という造語があります（情熱の言葉の定義は、31ページを参照ください）。

まずはバランスシートをイメージします。

左半分の項目が、そのプロジェクトの原資となる「情熱資産」です。会社でいう運転資金のようなものと言えばわかりやすいでしょうか。

もちろん、情熱だけで物事がうまく運ぶわけではありませんが、この情熱資産をい

状況に応じて変化する、「情熱資産」における自己資本・他人資本の比率

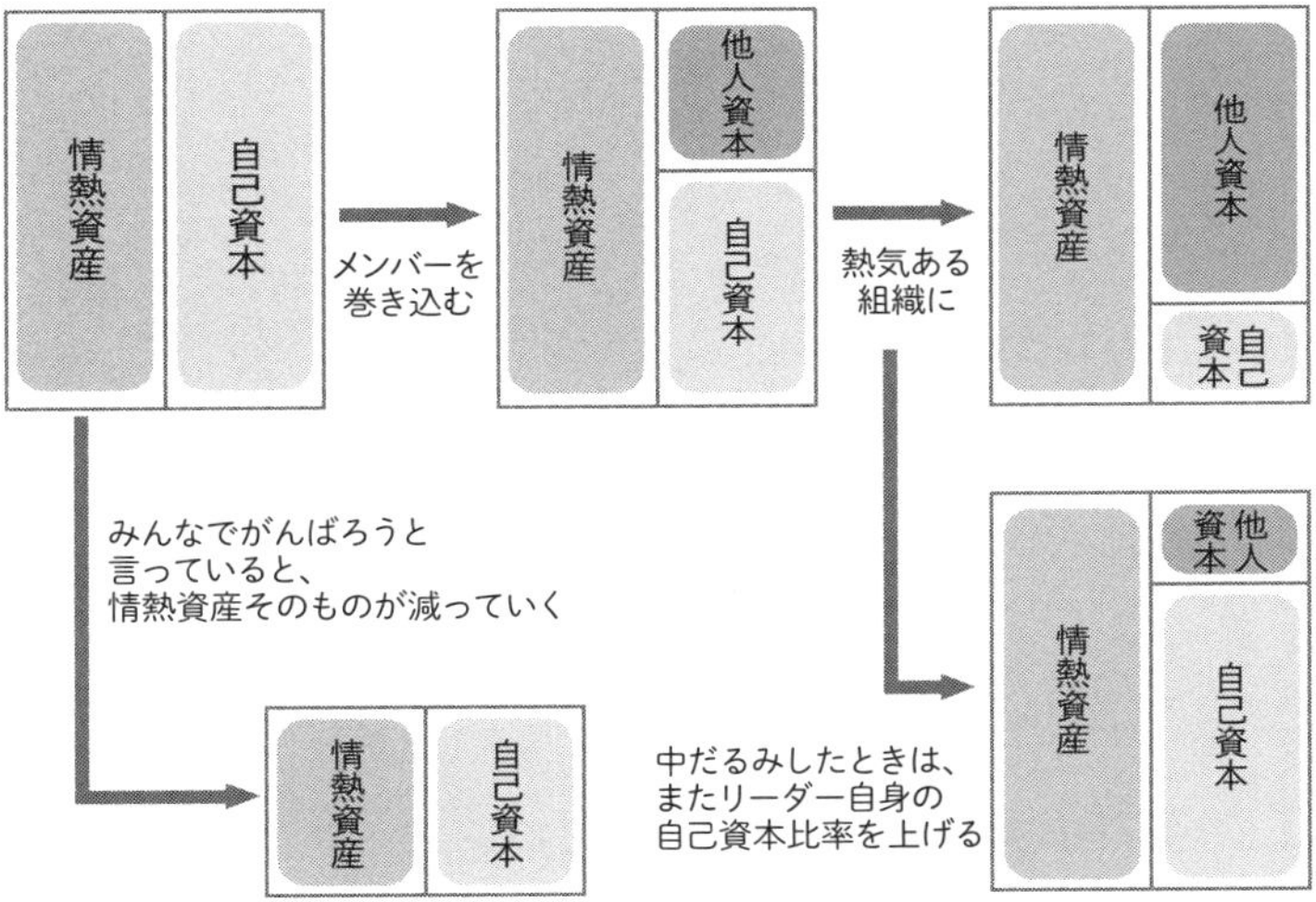

スタート時は、リーダー（当事者）は自己資本比率100％が基本。
状況に応じて、自己資本と他人資本の比率を変えていく。

かに増やすか（少なくとも枯渇させないか）ということにリーダーは意識を向けなければなりません。

実際、私は今まで多くの企業の組織改革に携わってきましたが、この情熱資産が不足した状態で改革がうまくいった例は一度もありません。情熱が生み出す勢いが足りないので、抵抗勢力の勢いに負けてしまうのです。

では、この情熱資産はどうやって生み出されるのか。

それが、バランスシートの右側の話です。

一般的なバランスシートの右側は、**「純資産（自己資本）」**と**「負債（他人資本）」**によって成り立っているわけですが、情熱資産も同じです。

ここで、資本と資産の違いを簡単に解説しておきましょう。資本とは、何らかの価値を生み出すための「元手」となるものです。そしてその資本によって生み出されたもの。財産を「資産」と呼びます。

自己資本とは「リーダーが自ら投下する情熱」のことで、**他人資本とは「メンバーやその他の外部協力者が投下してくれる情熱」**のことです。それを合算したものがプロジェクト全体の情熱資産だということです。

リーダーが持つべき、情熱資産の理想的な自己資本比率

さて、ここが最も重要なポイントになりますが、会社設立時の資本は創業者自らの資金によって用意するのが一般的であるのと同じで、情熱資産の自己資本も最初はリーダーが差し出すものです。

つまり、**プロジェクト立ち上げ時は、圧倒的にリーダーの自己資本比率が高い状態。**10割でスタートするのが基本です。

そうやってリーダー自ら投下した情熱の自己資本がまとまった状態で存在するからこそ、周囲も関心を高めてくれて、「私も出資させてください（協力させてください）」と言う人が増えていくわけです。

そのようにして、プロジェクトの情熱資産は増えていくものだと思います。

なぜわざわざバランスシートに置き換えてまでこのような話をするかというと、最初から他人資本に頼るリーダーが、あまりに多いからです。

その情熱は、自己資本？　他人資本？

ある経営者仲間から、

「横山さん、社会のために、絶対にこういうプロジェクトをやったほうがいいと思うんだけど、どう思いますか？」

などと問われることが多々あります。職業柄か、夢や思いをぶつけられることが、本当に多くあります。

それはいいのです。私は大歓迎です。しかし残念なのは、自ら十分に行動を起こさない人がとても多いことです。

そういう人に「この前ご提案いただいた件、もし本気でやりたいなら協力しますけど、やらないんですか？」と確認すると、

「最近、ちょっと仕事が立て込んでいて……。もし横山さんがやっていただけるなら、いくらでも協力しますが」

と、いつの間にか当事者から外れていることさえあります。

だいたい、ある分野においてプロフェッショナルな人ほど、空いた時間はありません。そのような、ほとんど時間的余裕のない人の力を借りてでも何かを成し遂げたいと思うなら、それなりの情熱を見せる必要があります。

最初の動き出しだけを少しやっただけなのに「みんなが協力してくれない！」と怒り出してプロジェクトを放り投げる人もいます。私からすれば、かくべき汗の量がまったく足りていません。**「人は簡単には動かない」という世の中の真理を自覚すべき**です。

このような事態は、コンサルティングの現場でも頻繁に起きます。組織改革を進めようとしているのに、社長の熱が冷めているのです。

たとえば、プロジェクトチーム立ち上げのために社内の管理職が集められた席で、経営者が私に対して「今日の会議の仕切りは、横山さんにお任せします。得意の喝をみんなに入れてください」と耳打ちされることもあります。

社長ですから、他にも熱量を注ぐべき仕事を抱えていることはよく理解できます。しかし、外部の人間である私がその会議室でいくら熱弁を振るっても、現場の管理職からすれば「誰なんだこいつは」と思うだけです。

そこは社長自らが先頭に立って、誰よりも熱くなってもらわないと管理職に本気度が伝わりません。

熱量の乏しいリーダーは、決まって「みんなで頑張ろう」と言います。

しかし、5人のプロジェクトチームで情熱資産が100必要なときに、各自が20ずつの情熱資本を差し出すのはプロジェクトが軌道に乗ったあとの話です。

軌道に乗るまでは、「みんな」という主語を忘れて「自分」がどれだけ本気を出すかだけを考えるべきなのです。

だから、私も社長に熱くなってもらうために、創業当時の感情を思い出してもらったり、危機感を煽《あお》ったり、情熱資産の話をしたり、あらゆる手を使って火をおこすようにしています。

リーダーに求められる「熱量マネジメント」

リーダーが自己資本比率を集中的に高めないといけないのは、初動の勢いをつけるときだけです。プロジェクトの最後までずっと燃え続ける必要はありません。最初にしっかり燃えて、魅力的な焚き火だと周囲に感じてもらって、**火持ちのいい薪が自然と集まってくる流れさえつくれれば、その後は自己資本比率を下げていってもいい**のです。

私はこれまでに、いろいろな新規事業を起ち上げてきました。

その際に、最も気を遣うのは一緒に汗をかいてくれるメンバーです。彼ら彼女らに火をつけ、情熱の炎が燃え始めたら、私もかつてほどの自己資本を投下しなくてもよくなります。

そうすることで、ドンドン新しい事業、プロジェクトを起ち上げることに成功したのです。

ただし、熱ですから、必ずいつか冷めます。

仕事のプロジェクトでも、学習でも、恋愛でも、長期戦にわたるものは、基本的に中だるみがつきものです。マンネリ化したり、刺激に慣れてしまったりしてくると、プロジェクトの情熱資産が少しずつ目減りしていきます。

それに気づいたら、改めてリーダーである私が自分を鼓舞し、いったん情熱の自己資本比率を以前のように高くします。プロジェクトの運営にどんどん首を突っ込み、周囲を焚きつけ、情熱資産を増やす努力をします。

当社がクライアント企業へ支援に入るときは、1年契約や2年契約が一般的です。クライアント企業の社員みんなが燃えて、幸先のいいスタートが切れたとしても、そのペースがずっと続くことはまずありません。

クライアントもコンサルタントも、そのプロジェクトだけを抱えているわけではないので、情熱資産が徐々に減っていくのは仕方のない話です。

組織改革は長期戦ですから、常にフルスピードで走る必要もありません。とはいえ、完全に火が消えると、プロジェクトの進捗が極端に鈍ります。

まずレスポンスが悪くなり出し、そのうち打ち合わせをしても何も決まらないようになっていきます。

それを防ぐためにも、火種はしっかり残さないといけません。

「中だるみ」していると感じたときこそ、メンバーを焚きつけるのではなく、**プロジェクトリーダー自らが情熱の自己資本比率を極限までアップする。**まずは自分が燃えている背中を見せることが先。これが、プロジェクトが成功するかどうかの分かれ道です。

いかに大きな「流れ」をつくれるか

「情熱資産」という概念と合わせて、私がここ1年くらい気にしているキーワードが「流れ」です。「流れをつくる」というフレーズに出てくる「流れ」です。

「クライアント企業の従業員が思いどおりに動いてくれない」と悩んでいる部下がいた場合、今までの私なら現状と課題を聞き出して細かくアドバイスしていました。しかし、最近は「ちゃんと流れをつくれているか」と聞くことが増えています。

この発言の背景には、**「流れさえつくれば、周囲も自分も勝手に動く（＝熱量を維持しやすい）」**という意味が込められています。

当社の主な業務は、クライアント企業で働く従業員たちのマインドを改革していくことです。

今までのやり方を否定することになるので、経営者が乗り気であっても激しい抵抗勢力は必ず現れます。こうした抵抗勢力を一人ひとり呼び出して面談し、協力してくれるよう呼びかけても、ほとんどうまくいきません。

抜本的な改革を推し進め、全社に浸透させていくには、重い腰の社員が「しょうがない。やるか」とあきらめがつくくらいの流れを全社的につくることです。

もちろん、企業内で大きな流れをつくることは簡単ではありません。簡単ではありませんが、このほうが圧倒的に現実的です。

組織のリーダーが最初に情熱の火を燃やし、その流れさえつくれてしまえば、後工程がずっと楽になるのです。

個人レベルで「流れ」をつくる方法

では、こういう抗えない流れを、個人レベルでつくるにはどうしたらいいか。

私が専務理事を務める「強くて愛される会社研究所」では、毎月、日本を代表するようなすばらしい企業を、経営者とともに視察に訪れています。

「カンブリア宮殿」や「ガイアの夜明け」「情熱大陸」といった人気番組で紹介されるような、驚くべき企業ばかりです。

たとえば、埼玉県にある石坂産業は、廃棄物処理業界のイノベーターとしてとても有名です。

１９９９年ごろの「ダイオキシン騒動」時代、世間からの風評被害で会社存続の危機を迎えます。このような絶体絶命の状態を救い、一転して環境貢献企業となった企業へ生まれ変わらせたのが、二代目の石坂典子社長です。

幼いころは「ゴミ屋の娘」と苛められた石坂社長ですが、今や「ＴＥＤ」にも登壇するほどの、世界も熱視線を送る女性社長です（ＴＥＤ：世界中の著名人による講演、カンファレンス）。

私どもが全国の経営者を連れて石坂社長とお会いした際、世間からのバッシングがどれほどひどかったか、そして、新社長の考えに賛同してついてくる社員がどれほど少なかったかを伺いました。

それでもあきらめることなく突き進んで、石坂社長は「流れ」をつくったのです。「いつまでも、こんなことが続くわけがない。いずれゴミを捨てる時代は終わる。ゴミを再利用する事業を興そう」

誰も手を出そうとしない建設土砂系廃棄物の分別技術を開発し、40億円を投資して全天候型のリサイクルプラントも建設します。

社員教育にも力を入れ、年間50種にも及ぶ講座を開講し、「人間力」と「技」を磨くプログラム、評価制度も刷新していきます。

勉強とは無縁だった、ゴミ処理場の社員たちは戸惑いますが、もう止まりません。いったん流れができてしまうと、その流れの力で、周囲がドンドン巻き込まれていきます。そして、個人の情熱では到底叶えられない大きなことも成し遂げてしまうのです。

強くて愛される会社研究所では、「伊那食品工業」や「徳武産業」「生活の木」「HILLTOP」「未来工業」といった、テレビで頻繁に紹介されるほどの有名企業を毎月訪問し続けています。

そして、それぞれの社長、そこで働く社員さんたちのインタビューから、どのように「流れ」をつくるのか。そして「熱気あふれる組織」をつくり上げることができるのかを、私たちは学習しています。

組織を熱くする

ここで、「熱気あふれる組織」にするための方法を解説していきましょう。

ビジネスにおいて「熱気」といえば、「熱気あふれる組織」「あの部署は熱気があっていいいね」というふうに使われます。

「話に熱気がこもる」とも言いますが、今回は、組織の空気、チームの雰囲気を指して使われる「熱気」について解説していきます。

ベストセラーとなった拙著『「空気」で人を動かす』にも書きましたが、組織の空気が、メンバーのポテンシャル以上の力を発揮させることがあります。

もちろん、その逆もあります。「1＋1＝2」ではなく、「1＋1＝1」以下になるような組織です。雰囲気が悪いと、本来の力を発揮できないメンバーが増えるからです。

組織のリーダーとしては、**「1＋1＝2」ではなく、「1＋1＝3」以上になるような組織づくり**をすることです。

特に日本人は「長い物に巻かれる」人が多い傾向があります。

たとえば、研修を受けている最中、先輩や同僚が、

「研修なんてかったるい。マジメに受けてなんていられない」

と発言していれば、

「そうですよね。研修なんて、面倒なだけです」

そう思っているかどうかは別にして、ついついそのように発言してしまう人が多くなります。

反対に、

「外部講師が研修に来るなんて、めったにない。せっかくの機会だから、1つでも多くのことを吸収したい」

と先輩や同僚が言っていたら、

「そうですよね。なかなかこういう機会ってないですからね」

と同調する人が多くなるでしょう。

個人差はありますが、多くの人は一定の割合で「同調性バイアス」にかかります。

流行っている音楽があれば聴きたくなるものですし、みんなが観ているドラマや映画があれば、自分も観賞したいと思うものです。観光地に行けば、お土産を買いたくなるし、映画館へ行けばポップコーンを食べたくなる。

知人でなくとも、多くの集団が同じような行動をしていると、この「同調性バイアス」はさらに強固になり、強い効果を発揮します。

これを**「集団同調性バイアス」**と呼びます。

ですから、我々、絶対達成コンサルタントは、クライアント企業において支援をスタートさせたら、まず何よりも「場の空気」を変えることからスタートします。

どんなに優れたメソッドを伝えても、どんなに秀逸な仕組みを構築しても、「目標を達成する気のない組織」であり続けたら、何の効果もありません。

そのために、重要な因子が「熱気」です。

ずっと「熱気あふれる組織」であり続ける必要はありません。最終的には、「目標達成など、あたりまえと思える組織」になることですが、すぐにそんな組織に変貌することはありません。

本来は、

(1) 目標を達成しなくても許される空気
(2) 目標を絶対達成させようという熱い空気
(3) 目標を達成するのがあたりまえの空気

このような手順をたどります。

たとえば、ふだんからランニングをしない人が、ランニング習慣を身につけるときも同様です。ある日、突然ランニングする習慣が身につくことなどなく、

「定期的にランニングする習慣を身につけよう！　いつも三日坊主だったけれど、今回こそは、必ず習慣化する！」

という熱く燃えるプロセスがあるのです。

したがって、組織の空気を変えるときも一緒です。いずれ鎮静化しますが、その過程において、組織内に「熱気」があふれるのが普通です。

そもそも組織とは何か？

まず「熱気あふれる組織」を説明する前に、組織にとっての「いい空気」とはどんな空気でしょうか。

感覚的なものではなく、理論的に解説したいと思います。

まず、組織と異なる人の集まりを紹介しましょう。
その集まりを「集団」と呼びます。
それでは、集団と組織の違いは何か？
「組織の3要素」をそろえているかどうかで決まると捉えましょう。
経営学者であるチェスター・バーナードが提唱した「組織の3要素」を紹介します。
それは、
◎共通の目的を持っていること（組織目的）
◎お互いに協力する意思を持っていること（貢献意欲）
◎円滑なコミュニケーションが取れること（情報共有）

これら3つです。

組織は組織であって、単なる集団ではありません。メンバーが組織の共通目的に向かって互いに協力し、活発にコミュニケーションを取っている状態が、組織のあるべき姿と言えるでしょう。

したがって、組織にとっての「いい空気」とは、お互いが仲良く、雰囲気がいいという感覚的なものではなく、先述した3要素がしっかり理解され、守られている組織内の空気であると言えます。

熱気あふれる組織にするためのメンバー選び

それでは、どのようにすれば、組織に「いい空気」ができあがるのか。

そのためには「熱気」が大事です。

まずは、熱気あふれる組織にすることです。熱量について解説したように、まず「恥じらい」を感じるようなメンバーがいると、組織全体が熱くなることはありません。

つまり、照れくさいと思うメンバー、カッコつけたがるメンバーです。

「組織にイノベーションを起こせって言うけど、そんなの難しいよなあ」

「絶対達成とか言うけど、そもそもこの世に絶対って、ないんだし」

このように言う人は、いわゆる「ノリの悪い人」です。組織目的を達成するのに、貢献する意欲がない。貢献意欲がないということは、もうその時点で組織のメンバーではありません。

このようにエンゲージメントレベルの低い人が組織にいると、当然空気は悪くなっていきます。

成果を出せる有能な人かどうかも大事ですが、組織である以上、ノリが悪いのはいけません。

もし組織の空気を変えようとして、「組織風土改革プロジェクト」をつくろうとするなら、**肩書や有能さで選ぶべきではない**。

大事なことは、ノリがいいかどうか。カッコつけることなく、「みんなで組織を変えていこうよ」「もっとみんなで協力して、いい会社をつくっていこうよ」等と、照れることなく言える人であることです。

組織の空気を良くする「メルコサイクル」の使い方

組織の空気を良くするために、私は「**メルコサイクル**」という考え方を提唱します。

メルコサイクルの「メルコ」とは、「**メッセージ**」「**ルール**」「**コミュニケーション**」

の頭文字をとった造語です。それをこの順番で回していくことを「メルコサイクル」と私は名づけました。

まず「空気」を良くするうえでしなければならないことは、（当然のことながら）リーダーが熱いメッセージを組織全体に発信することです。

1回や2回ではなく、何度も何度も、「しつこい」「くどい」と思われるほどに続けます。

メッセージには、次の2種類あります。

①あり方

②やり方

「あり方」は、「あるべき姿」「ありたい姿」です。

「組織としてこうあるべきだ、ありたい」と、リーダーは何度も何度も伝えます。これがいわゆる「組織目的」に直結する部分です。「目標を絶対達成する組織にする」とか「何でも言い合える組織にしていく」とかでいいでしょう。

もっと具体的な**「方針」「スローガン」**でもかまいません。

「生産性の高い組織にする」「離職率の低い会社に変えていく」

抽象的であろうが、具体的であろうが、いずれも「あり方」です。「あり方」を、朝礼や会議の冒頭、メール……など、ありとあらゆるコミュニケーション媒体を使いながら発信していきます。

そして、**最も重要なことは主語を「私」にする**ことです。いわゆる「アイメッセージ」です。

「私は、目標を絶対達成する組織にする」

「私は、何でも言い合える組織に変えるまであきらめない」

――このように宣言するのです。

空気の良くない組織リーダーは、「あなた」「あなたたち」を主語にメッセージを発します。いわゆる「ユーメッセージ」です。

「もっと意識改革をしていこう」「もっとコミュニケーションを密にしてくれないか。君たちがやるんだぞ」

――このように言います。

聞いている人は、リーダーの愚痴《ぐち》や不満を聞かされているような気分になることでしょう。

主語が「私たち」も良くありません。「みんなでやろう」「みんなで協力し合ってやっていこう」などの「レッツ〜」という言い方です。

そもそも、空気がイマイチの組織のメンバーは「主体性」に欠けることが多いものです。何事も自主的に行なわない、そんなメンバーに対して「レッツ〜」という声掛けをしても虚しいだけです。

そういう言い方は、組織の空気がそれなりに良くなってから発すればいいのです。「みんなで変えよう」というメッセージを発している以上、「私だけでなく、みんなにも責任があるよね？」というニュアンスがメッセージには込められています。

相手の考え方を変えたいのなら、まずは自分を「変える」こと。リーダーなのですから、まずこの手順を守るべきです。

「ルール」を徹底させる取り組み

最初のうちは、どんなにリーダーが熱いメッセージを発しても「また言っている」「どうせ今だけ」と受け取られる恐れがあります。

空気が良くない組織であるなら、仕方がありません。期待どおりの反応がなくても、へこたれないことです。

そういうときほど、自分を熱くするのです。ハートに火をつけ、奮い立たせるのです。

反応が悪くても、メンバーと顔を合わせるたびに、何度も何度もリーダーは熱く言い続けます。繰り返します。

そうすることで、「今度は本気かも」「従わないとマズイ気がする」という空気ができあがっていきます。

組織には、大きく分けると**「自燃人」「可燃人」「不燃人」**の3つのタイプがいます（拙著『「空気」で人を動かす』参照）。

自燃人は、火をつければすぐに燃えてくれますから、まず自燃人を味方につけ、外堀を埋めつつ、可燃人に個別アプローチをすることです。

可燃人は「長い物に巻かれる」タイプですから、周囲の態度が変わってきたことを確認して、自分の態度も変化させていきます。「集団同調性バイアス」を使うと効果的です。

少し雰囲気が変わってきたら、次にすべきことは「ルール」を徹底させるプロセスです。

組織の目的が「あり方」であるとすると、ルールは「やり方」です。

存在するのに、守られていないルールは「守れ」とリーダーが言えばいいのです。もしも未整備なルール、見直すべきルールがあるなら、メンバーたちと話し合って決めていきます。

空気の良くない組織メンバーは、このプロセスを冷めた目で接するでしょう。

「ルールをつくっても、どうせ守られない」

「社長が張りきってるけど、今だけだ」

このように言います。

ルールが徹底されると、自分たちのペースが乱されます。組織でルールを統一させ、それを守ったほうがいいと誰もが思うことでしょう。しかし、いざやろうとすると、ペースが狂うため、自分なりのペースでやりたいと思う人から抵抗されます。

しかし、リーダーは気にせず、淡々と進めます。

大切なのは「仕組み」に依存しないことです。

昨今、やたらと「仕組み」という言葉を聞くようになりましたが、「仕組み」は「ルール」を守るために存在するものであり、「ルールなき仕組み」に意味はありません（「仕組み」とは、新しいルールや制度に始まり、組織体制そのもの、管理手法や電子デバイス、情報システムにいたるまで、さまざまなものがあります）。

ルールをつくっても守らないメンバーがいたら、リーダーは2種類目のメッセージを発していきます。

2種類目のメッセージとは、「やり方」を含めたメッセージです。

つまり……**「ルールを守れ」と、しっかり言うこと**です。「あり方」のメッセージと組み合わせて発信しましょう。

「生産性を良くするためにスタートさせたプロジェクト会議は、全員が出席するルールとなっていたはず。しかし、先日の会議に無断欠席したメンバーがいる。絶対にやめてほしい。このプロジェクトは遊びじゃない。私は生産性の高い組織にするまで、絶対にあきらめない」

「あり方」のメッセージを出しつつ、ルールを決め、「やり方」を守るメッセージを出し続けます。

コミュニケーションを潤滑油にする3つのポイント

「メッセージ」と「ルール」を意識することによって、組織は変わり始めます。リーダーが熱いメッセージを出し続けます。すると、自燃人から可燃人へと火がついていきます。ルールを守らせようとすると、ペースを乱される人から抵抗されますが、それでもリーダーが動じないでいると、メンバーそれぞれが気合いでペースを合わせようとしますから、自然と組織内に火がついてきます。

これが熱気になって、組織内にあふれかえります。

ただ、最初はいいですが、このような上意下達的なやり方だと長続きしません。ギスギスした空気が漂い始めることもあるので、定期的にコミュニケーションを取る機会をつくりましょう。

一人ひとりのメンバーとコミュニケーションを取るのは、当然リーダーです。

ポイントは次の3つです。

①自己開示

②単純接触

③共時性

業務のためのコミュニケーション（用談）ではなく、業務とは関係のないコミュニケーション（雑談）を組織内で積極的にできるよう、ルールと仕組みを整備します。

これも**「場」を提供するだけで、自主性に任せてはいけません**。必ずルールを決めます。

お互いの関係構築には「単純接触」が大事です（単純接触効果）から、濃厚接触の「社員旅行」「運動会」「飲みニケーション」……といったものではなく、「あいさつ運動」「社内座談会」「他部門とのランチ会」などを定期的にやることです。

同じ時間を共に過ごしていると、関係が構築されやすいという心理効果を**「共時性効果」**と呼びます。

メールなど、時間差のあるコミュニケーションは共時性効果が働きません。実際に会ったり、メールよりは共時性効果を期待できる**「社内SNS」**の利用をおすすめします。

雑談コミュニケーションの内容は、**「自己開示」できるテーマを設定**しましょう。仕事の話は2割以下に抑えることです。ただ、組織内の空気が良くない状態でメンバーに「自己開示」を強要することはご法度です（当然のことながら、リーダーが積極的に自己開示することが大事です）。

「メルコサイクル」を回す

これまでのコンサルティング実績からすると、スムーズに進行しても、ここまで来るのに早くて半年。普通は1年ぐらいかかります。

1年で空気が変わらないとなると、それはリーダーに原因があります。リーダーの姿勢が中途半端だと、遅々として空気革命は進みません。

組織の空気は、しばらくの間、一進一退を続けます。熱気がある時期もあれば、沈滞している時期に戻ったりもします。

しかし、**リーダーは一喜一憂してはいけません。**

現在の「空気」が【5】のレベルであれば、最初こそ【5】→【6】→【7】と順調に変化していきますが、ちょっとしたことで【7】→【6】→【4】と下がってしまうことでしょう。

そうなったときに、必ず見逃すことなく、リーダーは熱いメッセージを発するべきです。**「私は何があっても元には戻らせない」というアイメッセージで発する**のです。

そして、ユーメッセージで「ルールを守れ」と働きかけ、相互の雑談コミュニケーションを促します。

そうすると、再び【5】→【6】→【7】と空気レベルは上昇し、さらに【7】→【8】→【7】→【8】→【7】→【8】→【9】……と、いい状態に推移していくようになります。

組織内の空気が良くなり、組織が「本来の組織」としての機能を取り戻すと、8割のメンバーは自主的に動き始めます。

現在の「やり方（ルール）」が「あり方（組織目的）」にマッチしていないのであれば、メンバーたちが自主的に見直すでしょう。「あり方」は変わりませんが、「やり方」は常に変化していくものだからです。

変化させるのはリーダーではなく、現場にいるメンバーです。

メンバーの自主的な努力によってルールが見直され、徹底され、そして組織の目指すべき「あり方」に近づいていきます。

こういう空気の組織なら、誰かが新しい取り組みをしようと言うたびに、熱気を帯びます。全員で協力して、それを成し遂げようという雰囲気になります。

まさに熱い組織のできあがりです。

人は物語で熱くなる

先述したとおり、私は「強くて愛される会社研究所」の専務理事をしています。驚くべき企業をつくり上げた、情熱あふれる経営者の方々と毎月お会いしています。

創業当時からすばらしい経営をしていた方は皆無。

倒産しかけた会社をよみがえらせた方、利益を追求しすぎて半ブラック企業化し、社員が離反していった会社を見事に復活させた方、不人気業界の中小企業にもかかわらず、働きたいと若者が殺到する組織に立て直した方……。

そのような方々に共通しているのは、「物語」です。数々の修羅場をくぐってきた過去がありますから、ご本人さえよければ、必ずその「物語」を経営者の皆さんに語っていただきます。

なぜか？

聴けば、間違いなく、経営者を熱くすることができるからです。

ドラマを構成するのは「衝突」と「葛藤」です。

特に創業時の物語となると登場人物（利害関係者）が多いので、絶対に誰かしらと衝突をし、大きな葛藤を乗り越えて今があります。

最初のうちは「人に聞かせるほどのものでもないですよ」と言っていた経営者も、「私を含め、経営者である皆さんは、会社を変えていくプロセスにおいて、多くの葛藤を覚えています。それぞれくじけそうになったときに、社長の話は絶対に参考になります。ぜひ、お願いします」

このように熱く語ると、相手は正真正銘の熱い人ですから、「そこまで言うなら」と、どのような苦しい時期をどう乗り越えてきたのか、包み隠さず語ってくださいます。

そのようにして数々の秘話を引き出すと、多くの経営者たちは心を打たれます。

「こんなすばらしい経営者でも、私たちと同じようなことで苦しみ、悩むものなのか」

「やはり組織改革に絶対はない。常に試行錯誤の繰り返しだ。勇気づけられた」

このように、言ってくださいます。

「物語」には必ず奥行きがあります。深みがあります。奥行きも、深みもないのなら、それは「物語」とは言えない、単なる「経緯」や「履歴」みたいなもの。

どんな人間模様があったのか、そして、どんな感情の揺れを覚えたのか。

それを知ることで、聴いている人たちも心を打たれ、熱くなります。

組織を熱くするときも同じです。

社長自らが、過去の苦労話をさらけ出して語ることで、その会社全体の情熱資産の自己資本比率を高めつつ、他人資本も増やすことができます。

「苦労話を開示することは恥ずかしいことだ」とか、「社長として格好がつかない」と考える人はたくさんいます。しかし、社内の情熱資産を増やしたいなら、どんどんさらけ出して、人間臭さを出したほうがいいのです。

繰り返しますが、「恥じらい」を覚えていては、自分も他人も熱くすることはできません。

商品開発にも「物語」がある

物語を通して熱量を伝えることは、商品開発でも言えることです。

「モノ消費からコト消費へ」とよく言われるように、すでに物質的に満たされている今の消費者は、物理的なモノを買うときでも、そこに意味付けをしようとします。

日本は「ものづくり大国」と言われて久しいですが、物質的には豊かな時代になり、技術大国をさらに追い求めようという発想は、過去を美化する懐古主義的と言われるほどになっています。

近年「おもてなし」というフレーズが見直されたように、商品の付加価値は、機能的メリットよりも情緒的メリットとのバランス配分が求められます。

モノが同じであっても、販売する営業によって売れ方が大きく異なるのはこのせいです。

単に、「価格が安い」「スペックが高い」では売れない時代です。

顧客体験をより高めるには、購買「後」の消費者の気持ちを満たしてあげることが重要です。

つまり、その商品を日々の生活で使っているときに「私はこの商品のここに共感して使っている」と胸を張って言えるような物語を作り手が提供してあげないといけないのです。

たとえば先日、駅の地下街を歩いているときにデザイン的に惹かれる革のカバンが目に入ったので、足を止めて少し眺めていました。すると、販売員がやってきて、矢継ぎ早に機能や価格の説明をしてきました。「知りたいのはそこではない」と思いました。

聞いたことがないブランドだったので、むしろ私としては「どこの国の、どんなポリシーを持つ人が、どんな思いで立ち上げたブランドなのか」とか、「モノづくりに対するこだわっているポイント」などが知りたかったのです。なんなら、その販売員さんがいかにそのブランドを個人的に好きかといった話でもいいのです。

説明が「物語」になった瞬間、熱が伝わってくるのですから、**スペックの話は物語で熱くなったあとに、1～2割のオマケとして説明してくれればいい**わけです。

モノにも物語があり、その物語が人を熱くするのです。

第4章

ハートに火をつける技術

自分の「火種」はどこにある？

102ページに、「気合い」はとても便利で、「最も手軽に自分を奮い立たせてくれる武器になる」と書きました。

しかし、人間とは不思議な生き物です。それを**頭でわかっていても、気合いが入らないとき**があります。私もそのようなことがよくあります。

この章では、そういうときに使える便利ツールをご紹介します。

それは**「火種ノート」**です。

火種とは、何かを燃やすときに最初に使われる小さな火のことです。ライターやマッチなどの便利な火種がなかった時代、火をゼロからおこすのは大変な作業でした。

そのため、家庭で使われていた火鉢にしても、使わないときは炭に灰をかけて燃焼を一時的に弱め、必要になったら灰をどかして空気を送り込み、再び発火させるといったことをしていました。

人の感情も同じです。

意識せずに人が熱くなる場面は、内的動機で発火するか、外部要因で発火するかのどちらかですが、その際は内的動機か、外部要因が火種として機能します。

しかし、それらがない状態で自分を熱くしなくてはいけないとき（たとえば、乗り気ではないけれど、大事な商談に挑まないといけないとき）に、火の気がまったくない状態から大きな火をつくることは時間がかかりますし、相当難易度が高い話です。

だからこそ、**いつでも自分を着火したいのであれば、下準備として平時から火種をつくっておくことが重要**なのです。

実は本書の企画を出版社からいただいたときの仮タイトルは『一瞬で自分を熱くする技術』でした。たしかにキャッチーではありますが、下準備なしに自分を熱くする技術というものはほとんどありません。

下準備をし、火種をちゃんとつくって、なおかつ自分を発火させる技術をしっかり習得して初めて「一瞬で自分を熱くする」ことが可能になるのです。

たとえば、のちほど自分を熱くする技術として**「アンカリング」**を紹介します。

アンカリングの一例を挙げると、私の部下に司馬遼太郎の『坂の上の雲』を読むと熱くなれる男がいます。『坂の上の雲』という作品に、自分が熱くなる感情が紐づいているわけです。

これをアンカリングというわけですが、本を読んで熱くなれるのは、そもそもその本が彼にとっての火種になっているから可能なことです。しかも、火種は簡単にできるものではないので、「自分の進路について悩んでいるときにこの作品を読んで勇気がもらえた」といったように、過去に何かしらの強い感情の揺さぶりがあって初めてアンカー（火種）として機能します。

火種は、過去の経験にしか存在しない

火種がある人とない人の発火しやすさの差は、歴然としています。

以前、某メガバンクからの依頼で、関西方面の支店長を対象にした研修を任せていただく機会がありました。メガバンクの支店長ですから、超エリート集団です。年齢でいうと40歳過ぎが中心。「グダグダ言わずに大量行動だ」「とにかくお客さんのところへ足繁く通え」「目標は絶対に達成できる」といつもどおりに熱弁を振るいました。

結果的に、その研修は大成功。私が熱く語れば語るほど、聴講者である支店長たちも「そうだ！　そうだ！」という表情にみるみる変わっていきました。

そのときのアンケート結果には、私の狙いどおり「入社当時の熱い感情がよみがえってきました」といったことが書かれていました。

それはつまり、支店長たちには火種があったということ。それはそうでしょう。同期たちとの厳しい競争を勝ち抜いて支店長になるような人たちですから、若いときは誰よりも熱く働いて結果を出してきたはずです。

彼らのように、**元々熱くなっていた過去がある人をもう1回熱くさせるのは、比較的簡単**です。

対照的だったのが、同じメガバンクから後日再オファーを受けた研修です。今度は若手社員に喝を入れてくださいと言われたのです。

会場に入った瞬間に、明らかに冷めきっているのが伝わってきました。メモを取れと言っても取らない。私がいくら熱を込めて喋っても、自分には関係ないと言わんばかりのアクビをする。私を招聘《しょうへい》してくれた古参社員も、会場の後ろで「どうしたものか」といった表情で頭を抱えています。

そして、パソコンを取り出して作業を始めた社員を見た瞬間、私も我慢をやめて完全にキレました。キレすぎて正直何を言ったかよく覚えていませんが、女性社員を何人か泣かせてしまったことを覚えています。

ただ、終わってみるとこちらも大成功で、「今の職場は刺激が足りないと思っていたけど、自分がぬるいだけだったことに気づかされた」といった前向きなフィードバックをたくさんいただけました。

なぜあのあとき私がそこまでキレたかというと、（衝動が抑えらなかったこともありますが）そもそも火種がない人にいくら熱く語っても、自分事として聞いてもらえないからです。

それならば、私にできることは、その研修自体を彼らにとっての火種にすることです。

まさか研修に行って、人生最大のカミナリを落とされるとは思ってもいなかったでしょうが、多くの社員の記憶にずっと残るでしょう。これからの長い社会人生活において、緊張感が抜けたと自覚したときに、この研修のことを思い出すかもしれません。

それが狙いだったのです。

私を救った1冊のノート──「火種ノート」

セミナーでは熱弁をふるう私も、コンサルタントになって間もないころは、何をやっても空回りで、くすぶった状態が長く続いていたことはすでに述べたとおりです。

そんな状態を脱するときに役立ったのが、自主的に書いていた1冊のノートでした。

このノートが私にとっての火種になってくれたのです。

そう、この章の冒頭で触れた「火種ノート」です。

当時の私は、社内では空気のような存在で、話し相手すらほとんどいませんでした（今、自分がそのグループ会社で社長をしていることが信じられません）。

でも、そんなときから、私は社内の数少ない話し相手に対して「日本一のセミナー講師になります」と宣言していました。

宣言したのは、当時読んだビジネス書の受け売りです。「本気で成長したいなら、大きな目標を掲げてそれを公言せよ。それでスタートダッシュが切れる」といったことが書かれていたので、藁をもすがる思いで実践していたのです。

とはいえ、**大きな目標を公言するだけなら、ただのホラ吹きなので、まず目標をできるだけ具体的にすることにしました。**

「日本一」と言っても、売上、知名度、技量など尺度はいろいろあります。そこで私はSMBCコンサルティングが行なっている受講者満足度調査で当時9年連続1位を獲られていた箱田忠昭さんという方を勝手に私のライバルに定めたのです。

当然、箱田さんのセミナーも受けました。開始早々「なるほど、これが日本一のセミナーか」と痛感しました。決して安くはない受講料を払った人たちが全国から集まっていて、会場がドカンドカンと受ける。当時の私のセミナーでは見られない光景でした。

目標設定して、理想のセミナーも体験もして、自分とのギャップがはっきりと浮き彫りになったところで次にやったことは、箱田さんを超えるために自分がクリアしないといけないと思われるサブゴールをノートに書き出すことでした。

日本一のセミナーをリアルに体験していたので、そのときの自分の感情の高まりを思い出しながら書き出してみました。

「六本木ヒルズでセミナーを開催する」

「１回のセミナーで２００万円を売り上げる」

「最低でも年間１００回はセミナーに登壇する」

「受講者が必ず１回は泣く」

など、中にはあまり深く考えず、勢いのまま書き込んだものもあります。

そして、それらの**サブゴール**を書いてから、

「では、それぞれを実現するために自分は何をすべきか？」

を考え、どんどんメモしていったのです。当時は、そのノートをかなり頻繁に読み返し、修正もしていきました。

しかし、いつからか、自分の頭を整理するためにノートを見るというより、ノートを手に取ることで、**心の燃料**を補給しているような気分になれたのです。

「火種ノート」に書く中身

そんな体験が積み重なると、ドンドン自分の殻を破ることができました。そして、

そのたびごとに、**体験談をノートに細かく記す**ようになったのです。

よく覚えているのが、地銀さんが集めた50名の管理者向けにセミナーをやったときのことです。４時間のセミナーがとても盛り上がり、終了後に名刺交換の列もできました。講師料はたしか５万円ほどでしたでしょうか。

５〜６名の方と名刺交換させていただき、そのときどんな感想を持ったのか。一人ひとりが発した言葉を私は覚えていて、その後、ノートに記しました。

会場までの道のり。会場に入ってからの雰囲気。セミナーのカリキュラム、グループディスカッションの内容。参加者の人数や属性、反応の代表例など、覚えていることは全部ノートに書きました。

うまくいくときもうまくいかないことも、たくさんありましたが、私はこのように、**うまくいったセミナー体験だけをノートに残しました**。

失敗から学ぶことも多いですが、その体験を振り返ってばかりいると、ネガティブな感覚ばかりがよみがえってしまうため、あえて私はすぐ忘れるようにしたのです。

結果として、このノートを何度も見返すことになりました。

無料のセミナーでさえ10人集まるかどうかだった当時の私にとって、50名の管理者の前でセミナーをやりきり、講師料を5万円も受け取ったのですから。

ノートに記録した内容を読み返すたびに、体が熱くなりました。

それからも、私が開催するセミナーにそれほど人は集まりませんでしたが、「自分にはできる」「頑張ればできる」というエビデンスを目にすることは、自分を鼓舞するうえでも、とても役立ちました。

その後、セミナーの参加人数が増えたり、有料としたセミナーに人が集まった体験をするたびに、ノートに書き込んでいきました。

先ほどお伝えしたメガバンクの支店長、約100名の前で講演したときももちろん書き込みました。

3万6000円の有料セミナーに自分の力だけで25名集めたときも、その体験談を細かくノートに記しました。以前は5万円の講師料をいただいだけでも心を打たれたのに、1日で90万円の収益が出たのです。感無量でした。

2011年、日経BP社が主催した2万円の講演チケットが、約1時間で240枚すべて売り切れたときの記憶は、今でも鮮明に覚えています。

すぐさま追加講演が決定（東日本大震災の影響で延期となりましたが、それでも追加講演も200名以上を集めました）。

その年の年末、12月2日にダイヤモンド社から初の著書『絶対達成する部下の育て方』を出版。出版記念講演を六本木にある東京ミッドタウンの大ホールで企画。金融機関や出版社の力を借りることなく、定員250名がすぐ満席になるほどの盛況で、その当時、現場を取り仕切ってくれた部下やスタッフのことは、今も鮮明に覚えています。

ノートにもしっかり残しており、その当時の感覚を思い起こすためにも、たまに読み返します。

質の高い「火種ノート」を書くポイント

このノートは、その出版記念講演を境に、ほとんど更新しなくなりました。なぜなら、数百名の前で講演することに慣れ、自分を奮い立たせる必要が今はほとんどなくなったからです。

数年後、メガバンク主催で760名ほど、日比谷のホールに集めてくださった講演のことは記しました。

講演後、名刺交換を希望する約250名ほどの人と40分以上かけて名刺を交換させていただいた体験は、あまりに強烈で、さすがにこのときの出来事はノートに記しましたが、それ以外はありません。

このように私の「火種ノート」は、最初こそ、日本一のセミナー講師になると決意した時期を追体験することに意味があったのですが、次第に、その条件に近づいていることを実感するための記録ノートに変貌していきました。

当然ですが、私には、このノートに書かれていない、失敗体験のほうが膨大にあります。しかし、その記憶は、熱を入れようとする自分の心に水を差すばかりなので、あえてうまくいったときの体験談のみを記していきました。

セミナーの登壇前で緊張したとき。

朝起きて気分が乗らないとき。

勉強で疲れを感じたとき。

そんなとき、この火種ノートが私の支えになってくれました。

ノートを書く上で注意すべき点は1つだけです。

それは、**ディテールを書き込む**こと。

おすすめは「**4W2H**」の疑問詞を使って自答することです。

「**いつ**」「**誰**」「**何**」「**どこ**」「**どのぐらい**」「**どのように**」の6つを使いましょう。面倒と思うと、質の高い火種をつくることができません。

具体的な固有名詞や数量なども記すことが大事です。

205ページで紹介する「アンカリング効果」を使うとき、どのような切り口でアンカーを落とすと効果的なのか。ディテールを細かく記していると、自己分析をするとき、とても役立ちます。

自分を熱くする技術を学ぶ前に知っておきたい重要概念
――アソシエイトとディソシエイト

いよいよここからは、**NLPを使った自分を熱くする技術**を紹介していきます。

具体的な話に入る前に、すべての技術に共通する大事な概念を解説しておきます。

テレビでサッカーの試合を観ているとき、絶好のポジションに駆け上がった選手にパスが出ないシーンを見てもどかしい思いをしたことはないでしょうか？

私もよくテレビに向かって「おいおい、気づけよ」とボヤいています。

サッカーには素人である私でも、フリーになった選手の存在に気づくことができるのは、ピッチ全体を俯瞰《ふかん》するスタジアムカメラの映像を眺めているからです。

一方、ピッチ上でボールを持っている選手は、まったく異なる視点で試合に挑んでいます。ナイキのCMで、サッカー選手の目線が疑似体験できる映像がありますので、興味のある方はご覧いただきたいのですが、それを観るといかにプレイヤー目線が限定されたものなのかがよくわかります。フリーになっている味方選手を探すどころではなく、激しい形相でボールを奪いに来る相手選手のことが気になっているかもしれません。

人間の思考というものも、基本的に「ピッチ上の選手の視点」と「スタジアムカメラから見る視点」の2つに分けられます。

前者の**主観的な視点のことを「アソシエイト」状態**と言い、後者の**客観的な視点のことを「ディソシエイト」状態**と言います。簡単に言えば、ある対象に対して「グーッと入り込む」か、「グーッと距離を置くか」の違いということです。

本書のテーマである「熱くなっている状態」とは、何かにアソシエイトしている状態です。

たとえば、仕事に集中しすぎて寝食を忘れていたとしたら、それはその仕事に対して強く「アソシエイト」していたということ。目の前のことに没頭して、それ以外のことに意識が向かない状態です。

そこで、もし「仕事ばかりしていたら、体調を悪くさせるし、家族サービスもできなくなる」と気づいて仕事のペース配分を気にするようになったら、その仕事を俯瞰して眺める状態になれます。これが「ディソシエイト」です。

NLPにおいて、アソシエイトとディソシエイトはきわめて重要な概念です。これらを意図的に使い分けて自分が望む自分に変わっていくことが、NLPの究極のゴールだと言っても過言ではありません。

たとえば、自分に自信がない人がもっと前向きな性格に変わりたいなら、過去の成功体験を記憶から引っ張り出してきて、そこに強くアソシエイトすることで自信がみなぎってくる感覚を味わうことができます。

これから紹介する自分を熱くするためのテクニックも、共通しているのはアソシエイトとディソシエイトの使い分けです。

つまり、**熱くなりたいなら、「自分が熱くなる疑似体験ができそうなもの」に意図的にアソシエイトすればいい**のです。

私はどうやって、あの難局を乗り越えたのか？

とはいえ、何かに本気でアソシエイトするためには、まずは今の自分の主観から距離を置く必要があります。

ですから、**順序としては、今の自分からディソシエイトすることが先**です。

本書冒頭の「はじめに」に、この様子を書きました。

「あと数分で講演がスタートする」という緊張した場面で、まったく想定外のことが起こると、本来なら頭が真っ白になります。

ＮＬＰの技術を知らないままの私であれば、おそらくパニックになっていたでしょう。

しかしあのとき、私はいったんディソシエイトするために、まず部下のそばから離れました。とにかく、自分の置かれた状況から、物理的でもいいので離れなければいけませんから、トイレへ駆け込んだのです。

頭の中では、思考ノイズが互いに擦れ合って摩擦熱を起こし、私は「熱くなって」いました。自分を熱くするのは、内側からです。外からの刺激で熱くなってはいけません。

自分自身を客観的に見つめられるよう、深呼吸を繰り返しました。

そして、過去に数十名の前で講演し、**大成功をおさめたときの自分を呼び出し、その「過去の自分」にアソシエイト**したのです。

論理的思考力は、ディソシエイト状態で発揮される

「今の自分」をディソシエイトするためには、別の何かにアソシエイトすればいいのです。

ただ、単に、過去の自分を思い出すだけでは不十分です。その自分の体の中に入り込んで、過去の自分の目で周囲を見て、過去の自分の耳で周囲の音を聴くぐらいに憑《ひょう》依《い》することが大事です。

そうすることで、火照っている自分の思考を鎮静化できます。

熱くなっている自分を冷静に受け止められるようになったら、次に「自分ならうまくできる」という論拠を探しにいきます。

これは、自分を客観視できるディソシエイト状態だからこそできるということを、必ず知っておいてください。

熱くなっているアソシエイト状態だと、うまくいきません。

たとえば、怒って感情的になっていると、ふだんは思ってもいないようなことまで口にしてしまうときがあります。

また、感情が昂った状態で書いたラブレターを、1日経ってから読み返してみたら、気持ちが悪くなるほど恥ずかしいことを書いていた――。このような経験、多くの人が持っていることでしょう。

アソシエイト状態では、論理思考力が落ちます。「自分にはできる」「自分ならこの難局を乗り越えられる」という確かな論拠があっても、冷静でなければ、その論拠をすぐに見つけることができません。

そのため、「もうダメだ」「自分にはできない」と自暴自棄になり、「どうしてこうなったんだ」「誰のせいだ」と、問題の解決策を探すどころか、問題が発生した原因を探しにいってしまいます。

ですから、**いったん自分を客観視できるようにディソシエイト状態となることが必要です。**

「根拠のない自信」をなぜおすすめしないのか？

世の中には「根拠のない自信」を持っている人がいます。私もそのような時期がありました。

しかし、この「根拠のない自信」という武器を使って、難局を乗り越えようとするのは、おすすめしません。たとえできたとしても、それはたまたまか、**先天的な才能**があるからであって、万人におすすめできることではありません。つまり、**再現性がない**のです。

たとえば、私は年間を通じて、かなりの数の「ロープレ」（ロールプレイング）を経験します。部下やクライアント企業の営業を前に、お客様役をやって「営業ロープレ」をするのです。

私がどのようなお客様を演じるのか、事前に通達しているにもかかわらず、しっかり準備もせずロープレに臨むと、すぐにわかります。2〜3分もせずに見抜いて、「時間のムダ。準備してこなかったでしょう」

と言い、ふだんは1時間ぐらいかけて実施するロープレを、最初の数分で中断させます。

中には、ろくに準備もしないのに、うまく機転を利かせて、すばらしい提案まですする営業もいます。しかし、そんな人は、企業に1人いるかどうかです。私は組織力をアップするコンサルタントですから、そのような天才的な能力に注目しません。

努力すれば誰でも一定の成果を出せるノウハウを体系的に整理することが、私たちの使命ですから。

商談をするときも、プレゼンをするときも、セミナーの講師をするときも、しっかりとした準備をする。何度も何度も練習する。この努力量が、たしかなエビデンスとなります。「自分ならきっと大丈夫。絶対にうまくいく」という自信が持てるのです。

「頑張ればできる」という論拠を見つける

論拠は燃料です。燃料がなければ、火などつきません。

ただ、論拠、論拠……と言っても、**100%絶対に確実な論拠は必要ありません。**

もし100%確実な論拠を見つけてしまったら、ハートに火をつける必要もないからです。

たとえば、「1キロメートル先の場所まで、あと30分以内に到着すればいい」というのであれば、寄り道しない限り、普通に歩いても、余裕で着きます。

しかし、「10分で到着しなければいけない」となったらどうでしょう。

「駅から徒歩5分の物件」という表記があれば、だいたい「駅から400メートル」と解釈すればいいそうです。したがって、普通のスピードで歩けば、1000メートルに達するには12分30秒ほどかかります。

つまり、10分で到着するには、走る必要はありませんが、ちょっと頑張って歩かないと間に合いません。

もしスーツ姿で重い荷物を持っている場合なら、1キロを早歩きするのは大変です。

ただ、ここで大事なのは、「大変だけど可能だ」という論拠です。

病気をしていたり、ケガをしているのならいけませんが、そうでないなら1キロの早歩きはできます。「頑張ればできる」という論拠があるからこそ、ハートに火をつけられるのです。

つまり、

「頑張らなくてもできる」のであれば、自分を熱くする必要もありません。

「頑張ってもできない」のであれば、自分を熱くしても意味がないと言えます。

ですから、「頑張ればできる」という論拠を見つけることです。

過去の自分の実績や、本番を迎えるにあたってやってきた準備が、誰にも負けないほど万全であれば、すばらしい論拠となります。

本番前にディソシエイト状態となり、これまでの実績や努力に目を向け、そこにアソシエイトします。すると、あとは自分を鼓舞するだけです（鼓舞するときのイメージトレーニングは、後述します）。

難局を乗り越えるために、自分を熱くする手順

「はじめに」で紹介したエピソードのように、私は過去、新入社員向けの講義はしたことがありませんでした。今でこそ数百名の前で講演する経験はたくさんありますが、

当時は多くても30〜40名がマックスで、200名も入るホールで講演した経験もありませんでした。

しかし冷静に考えれば、社歴の浅い人にリーダーシップ研修はしてきましたし、新入社員向けの実技指導も少人数向けでしたが経験はあります。それらのコンテンツを組み合わせれば、2時間話すネタには困りません。

また、30名の前では堂々と話せるのに、200名の前で話すと緊張するかというと本当にそうなのか。そうでもない。「頑張ればできる」と私は思えました。

手順は次のとおりです。

①興奮を抑える
②論拠を探す
③鼓舞する

人は緊張するとエネルギーを奪われます。そこに熱量が使われてしまうからです。

したがって、まずは熱くなっている状態を冷まします。そのためのディソシエイトです。

物理的に距離をとったり、「今の自分」から心理的に離れるために、別の何者か（たとえば、過去の自分）にアソシエイトします。

冷静になれば、熱量を無駄遣いすることなく、「頑張ればできる」という論拠を探しやすくなります。

自分を熱くする2大テクニック

論拠さえ見つかれば、あとは自分を熱くするだけです。

その熱くする技術、トレーニング方法を、ＮＬＰの手法を紹介しながら解説していきます。

私がおすすめするのは**「アンカリング」**、そして**「ニュー・ビヘイビア・ジェネレーター」**です。

いずれもＮＬＰでは定番です。

定番ですが、このワークをして、どれだけの感情の変化が出るかは、その人の特性や慣れ、そのときの集中力、ワークとの相性などで変わってきます。何度も試し、実践して上達していただけたらと思います。

自分を熱くするために、最もお手軽な技術「アンカリング」

自分を熱くする技術として最もお手軽なのが、NLPの超定番である「アンカリング」です。映画「ロッキー」の主題曲を聞いたら気持ちが高揚したり、赤いネクタイを締めたら気分がしまったりするのは、典型的なアンカリング効果です。

アンカリング効果とは、**物（視覚情報）**や**音（聴覚情報）**、**匂い（嗅覚情報）**、**場所（五感全体）**などが呼び水となって、**過去にあったインパクトの強い記憶が引き出され、その記憶に紐づいている感情も一緒に呼び起こされる現象**のことを言います。アンカリングのアンカーとは船の錨のことです。

アンカリング効果は、あくまでも記憶が呼び戻される現象のことを指すので、悪い記憶を呼び戻すこともあります。

たとえば、過去に新宿駅で大失恋をした人は、新宿駅で降りるだけで気分が滅入るでしょうし、紫のシャツを愛用していた上司に嫌がらせを受けた過去がある人は、紫のシャツを見るだけで緊張してしまうかもしれません。

このように私たちは、**ふだん意識せずに何かにアンカーを落としています**。いや、正確には「勝手にアンカーが落ちている」と言ったほうが適切でしょう。

私のセミナーを頻繁に受けてくださる方の多くは、横山という人間にいつの間にかアンカーを落としている人がたくさんいます。

過去に受けたセミナーのインパクトが強かったあまり、私の顔を見たり、声を少し聞いたりするだけで気分が高揚してしまうのです。本人たちからすれば、私にアンカーを落とそうという意識はありません。ただ、結果的にそうなってしまうのです。

このような心理効果があるため、セミナーの開催場所も、私はできるだけ変えないようにしています。なぜなら、空間にアンカーを落とす人も少なからずいるからです。

毎年恒例の「絶対達成ＬＩＶＥ」の東京会場は、お茶の水の会場と決めています。予約で埋まっていたら、空いている日を開催日にします。セミナー講師にとってそれくらい場所選びは重要なことです。

実際に、私のLIVEセミナーに毎年参加していただいている方から聞いた話では、その方がたまたま仕事でお茶の水の会場へ出かけたら、LIVEセミナーの記憶がよみがえって、熱い気分になれたと言います。

これは、完全に場所にアンカーが落ちている状態です。

なので、その方が今後、自分の気持ちを熱くしたいときは、お茶の水の会場に寄って、ベンチなどに座って私のセミナー動画などをYouTubeで少し観れば、おそらく目的は達成できるはずです。

アンカーが落ちるタイミング

どれくらいの頻度で体験をしていればアンカーが落ちるのかは、**体験のインパクト次第**です。

思考プログラムは、過去の体験の「インパクト×回数」でつくられるものですから、インパクトが強い体験であれば、1回でもアンカーは落ちるし、インパクトが弱くても回数が多ければ、アンカーは強固なものとなっていきます。

怖い社長がいる会社であれば、仕事中、社長の姿を見かけただけでも背筋がピンと伸びることでしょう。社長にアンカーが落ちているからです。

高校時代、純粋な恋の体験をした方なら、卒業アルバムや、写真を眺めるだけで、当時の切ない記憶がよみがえってくることでしょう。胸が熱くなったり、何とも言えない感情がこみ上げてくることもあると思います。

そのときに恋人とよく一緒に聴いた歌を、たまたま耳にするだけでも、そのような感覚を思い起こすことでしょう。

私はというと、若いころに山梨県の清里で過ごした時代に、人生を決定づける体験を多くしていることもあり、清里へ行けばもちろんのこと、そうでなくとも、その近くを通ったり、よく似た風景であったり、清里へ行くのによく使った電車に乗るだけで、当時の「感覚」がよみがえってきます。

もう30年近く前のことでも、です。とても豊かな気分に浸ることができます。

それほどアンカリング効果というのは、強力なものです。

アンカリング効果を意図的に活用する

さて、通常アンカリング効果は、偶発的な体験によって無意識に感覚がよみがえるものですが、この心理効果を意図的に利用することもできます。

皆さんにもあるかもしれません。「泣きたくなったらこの曲を聴く」とか、「今日は勝負の日だから、このアイテムを身につける」とか。

自分を熱くするときも、このアンカリング効果をどう活かすのか、考えてみましょう。

五感とディテール

では、自分を熱くするために、アンカリング効果をどう活用したらいいか。考えられるアプローチは2つあります。

1つは**過去に自分が一番熱くなった記憶が何かを思い出して、その記憶を呼び戻し**

やすいトリガー（呼び水となるもの）が何かを探してみることです。このときに役立つのが「火種ノート」です。

192ページに、「いつ」「誰」「何」「どこ」「どのぐらい」「どのように」といった「4W2H」の疑問詞を使ってディテールを記すように、と書きました。

このように細かい記録が残っていれば、どのような対象にアンカーが落ちやすいか、その切り口がわかってきます。

大きく分けると、5つです。5つの感覚（視覚、聴覚、味覚、嗅覚、触覚）に大別できます。

たとえば「空間」であったり、「音楽」であったり、「人」であったり、「言葉」であったり、「写真」であったり、「風景」であったり――。

私は、いろいろなものにアンカーが落ちますが、特に多いのは「場所」です。思い出深い場所へ行き、その空間に身を置いたり、風景を目にすることで、当時の感覚、感情が瞬時によみがえってきます。

なぜか「嗅覚」も鋭いようです。

清里で働いていたとき、私はレストランで皿洗いをしていたので、しょっちゅう生ゴミを捨てに行かされていました。

そのせいで、30年近く経った今でも、何かの拍子に厨房に置いてある生ゴミの匂いを嗅ぐと、一瞬のうちに八ヶ岳山麓の情景が私の頭の中に浮かびます。

とても不思議です。そのトリガーにより、一瞬のうちにタイムスリップする感覚なのですから。

あなたにも、そのようなトリガーが見つかれば、自分を熱くするスイッチをつくりやすくなります。

私にはそのような、自分を熱くするための「曲」があります。そう、私は聴覚もアンカーになります。

「自分を熱くするスイッチ」のつくり方

もう1つのアプローチは、**今後、「自分がものすごく熱くなっている」と気づいたときに、何かしらの対象にアンカーを落としていく**ことです。

意図的にやり続けることで、自分を熱くするスイッチになり得ます。

たとえば、仕事で大事な資料をすばやく仕上げようとしたら、いつの間にか夢中になって、期限よりもかなり早い段階でやり遂げたとします。すると、上司から賞賛されたせいでモチベーションがアップし、ドンドン仕事を片付けていったとします。めったに褒めない上司から評価されたせいで、気分が高揚したのです。いつも以上に熱くなっていました。このようなとき、意図的に何らかのものへアンカーを落とすのです。

よくあるのが、**自分の体の特定の部位を触ったり、指で押したりする行為**です。

たとえば、「気持ちがすごく熱くなっている」「興奮している」というときに、右手で左の手首を触ります。

1回触っただけでは何も起こりませんが、繰り返し繰り返し、同じ感覚を覚えたときに触っていると、もし五感の中で「触覚」に敏感であれば、そこにアンカーが落ちます。

気持ちが入らないとき、自分を熱くしたいときに、手首を触るだけでスイッチが入るのです。

これを、**「刺激と反応を意図的にリンクさせる」**と言います。

アンカーが落ちるときは、**必ず「反応」が先で「刺激」があと**です。実際はほぼ同時でしょうが、理解しやすくするために「反応→刺激」の順序を覚えてください。

この順序でスイッチができあがっていきます。

私の場合、清里高原でのさまざまな体験によって豊かな感覚を味わっているときに、いつも八ヶ岳を目にしていました。

ですから、「豊かな感覚」→「八ヶ岳」という順序でスイッチができあがっていきます。

なので、私が豊かな感覚を味わいたいと思うなら、晴れた日に清里高原まで行き、荘厳な八ヶ岳を目にすればいいのです。そうすることで、「八ヶ岳」→「豊かな感覚」という順序でスイッチが入ります。

スイッチをつくっていくプロセスと、スイッチを入れる順序は逆なのです。

さらに付け加えると、スイッチをつくっていくのは、資産形成と同じで、時間がかかります。よほど強烈な体験をしない限り、一度の体験でスイッチをつくることは困難です。

戦略的にアンカーを落とす

実のところ、アンカリング効果に関して解説する書籍やネット記事は多いですが、戦略的にアンカーを落とすやり方を解説する実用書がありません。

アンカリング効果の事例として、必ずといっていいほど取り上げられるのが、イチロー選手がバッターボックスでするポーズです。

イチロー選手がバッターボックスに入ってから、いつも同じ動作をすることでマインドセットしていくことは多くの人が知っています。

しかし、いつもやっているルーティンが、アンカリング効果を誘うかというと、実のところ疑わしいと言えるでしょう。

ヒットを打ったときにだけイチロー選手がするポーズがあるなら、それがスイッチとなり得ます。それをヒットを打つたびにしておけばスイッチができあがりますが、毎回バッターボックスに立つたびにしているポーズにアンカーは落ちません。

私は、講演やセミナーの日、重要な商談がある日は、必ず赤系統のネクタイを締めるようにしています。「絶対達成チャンネル」（YouTubeで「絶対達成チャンネル」で検索）を観ていただければわかりますが、撮影の日にしていくネクタイは、ほぼ赤やえんじ色など、暖色系で統一しています。

しかし、赤いネクタイをすれば、私のハートに火がつくかというと、そんなことはありません。

たしかに、赤系統のネクタイを手に取ったときは、「今日はやるぞ」と自分に言い聞かせますが、だからと言って、それでアンカリング効果が働くかというと、そんなお手軽なものではないのです。

多くの書籍やＮＬＰのサイトで紹介されている事例が、「集中したいときは、まずシャワーを浴びる」「お客様のオフィスには左足から入る」のような、ゲン担ぎ的なものになっていることを私は気にしています。

こんなことでアンカリング効果が働くのであれば、誰でもすぐにできます。

しかし、やっていただければわかるでしょう。**「刺激→反応」の順序でスイッチはできません。**

私が「火種ノート」をつくる際、とてもうまくいった体験だけを残していったのは、しっかりアンカリング効果を働かせるためだったのです。

自分を熱くするスイッチをつくりたいのであれば、**本当に熱くなったときにだけ、アンカーを落とす**のです。ルーティンでやるものではありません。

したがって、「計画的にスイッチをつくる作業はできない」ということです。

「視覚アンカー」「聴覚アンカー」「空間アンカー」など、アンカーは落ちている場所によっていろいろな種類がありますが、ほとんどが偶発的にでき上がったアンカーです。

意図的にアンカーを落とすには、身の回りのものを利用するしかないのです。それはいつ、その感覚が湧き上がってくるのか、予測がつかないからです。

ですから、**自分の「体」を使うのが一般的**です。

「自分の好きな曲にアンカーを落としたい」と狙っていても、たとえばテレビを観ている最中、不意に熱い気持ちになったとしても、何らかの再生装置を持ってきてその曲を聴くことは難しいでしょう。

社長に声をかけられたり、お客様に評価されたりして熱い気持ちになったとき、急いで場所を移してその曲を聴くことも難しいでしょう。

いつ、どこで、誰といるときに、そのような感覚を覚えるか予測できないのですから、音楽や空間、風景、イラストなどにアンカーを落とすのはけっこう難しいと言えます。

ただ、もちろん不可能ではないですから、私のように、すぐにではなくても、熱い気持ちが冷めないその日のうちにノートへ記録しておくなどはいいかもしれません。

「火種ノート」におすすめのノート

火種のネタをメモする際、できれば、パソコンやスマホに記録するのではなく、**紙のノートなどに記録することを強くおすすめします。**

私はフランス製のロディアというブランドのノートを使っているのですが、ロディアなら何でもいいのではなく、必ず表紙がオレンジ色の方眼ノートを使います。

これは偶然ですが、ロディアのオレンジの表紙と、濃い紫色の方眼罫にアンカーが落ちていて、ロディアの方眼ノートや方眼メモを使うと、アイデアがドンドン出てきます。

うまくいった体験を、たまたまロディアの方眼ノートに残していたことで、「反応」と「刺激」がいつの間にかリンクしていったのだと思います。

ロディア独特の色、紙の質が、「視覚」や「触覚」といった、いくつかの感覚器官を刺激してくれるのです。

利便性だけを考え、スマホやタブレット、パソコンでも連携できるテキストデータとして残していたら、このように自分の心を発火させるスイッチにはなり得なかったと思います。

このように持ち運びが可能で、狙った感覚を味わったときに、できる限り早いタイミングで、ある刺激を与えることができるような対象であれば、意図的にアンカーを落とすことができます。

アンカリングを使って、鼓舞する

一番手っ取り早く、世界中の多くの人が利用するのが体です。**体の一部を刺激してアンカーを落とします**。先述したように、手首を触ったり、耳の裏を押したりして、スイッチをつくっていきます。

私の場合は、あるＤＶＤ教材で明かしていますが、右手で「指差しポーズ」をつくり、左胸の辺りを軽くポンポンと叩きます。

これはＮＬＰの講座で、一緒に受講していた仲間から教えてもらったスイッチのつくり方です。右手のひらで左胸をポンポンと叩くほうが簡単です。私が、あえて「指差しポーズ」にしているのは、その仲間の仕草がとてもカッコ良かったため、真似してみたいと思ったからです。

この本の冒頭の「はじめに」を読み返していただくと、わかると思います。

講演の直前、「よし、行くぞ！」と心の中で唱え、自分を熱くする際、左胸をポンポンと叩いています。

なお、この**「ハートに火をつける　スイッチのつくり方」の具体的なやり方を解説した動画**をご用意しました。入手方法などは、**本書の巻末ページ**をご覧ください。

自分を熱くする手順のうち、**このスイッチを押すのは、最後の最後**です。

①興奮を抑える
②論拠を探す
③鼓舞する

つまり、自分を「③鼓舞する」のときです。


ここでアンカリング効果についてまとめましょう。

まず、私の例で言えば、セミナーを開催し、うまくいったときは心が熱くなっていますので、その際に右手で左胸をポンポンと叩きます。

一度のみならず、そのような感覚を味わったら、その都度やります。珍妙な仕草ではないので、人前であってもさりげなくやれば誰も気づきません。

ですから、セミナーが終わった直後、拍手が続いている最中、体が熱くなったら、私は左胸を叩きました。

その後、金融機関の主催者とかから、

「今日の横山先生の講義、最高に良かったですよ！」

などと言われると、非常に熱い気持ちになりますから、そのときも、さりげなく左胸を叩きます。

セミナーのときだけでなく、他にも、クライアント企業の営業組織が目標を達成させ、大いに盛り上がっている姿を目にしたときも、やります。

その場ではできませんが、オフィスや家に帰ったあとに「火種ノート」（ロディアの方眼ノート）に記載することも忘れません。

正しくスイッチをつくるための注意点

ただ、**注意してほしいのは、熱い感覚を味わったときだけ、胸を叩いたり、ノートに書く**ということです。

最初のうち、私はまったく知名度がなかったですから、無料セミナーで20名集まっただけでも興奮しました。夜眠れないほどに、熱い気持ちになったものです。

しかし、その状態に慣れてくると、20名や30名集まっても、以前のような高揚感を覚えません。

大事なことは「自分の感覚」ですから、熱くなるような感覚を覚えないのでしたら、アンカーを落とそうとしないことです。

常に自分の感覚をキャリブレーションすること。それを怠ると、正しくスイッチができあがっていきません。

たとえ人数が少なくとも、反響が大きければ感動します。どんなに大勢の人が集まっても、アンケートに心ないことを書かれたら意気消沈します。

初めて200名の前で講演したときや、500名の前で話したとき、1日の研修売上が100万円を超えたとき。

「初めて○○ができた」という体験をすると、だいたい胸が熱くなりますから、その都度、アンカーを落としました。しかし、成長曲線が鈍化すれば、次第に自分を熱くするような出来事は減っていきます。

現在、私は、左胸を叩くことも、火種ノートを書くことも、ほぼありません。どんなに講演で人を集めても、涙目になるほどの興奮を味わうことがないからです。

どんな難局に直面したとしても、自分を鼓舞する必要などない領域に達することを目指しましょう。

自信がみなぎった状態にする技術「ニュー・ビヘイビア・ジェネレーター」

アンカリング効果も十分効きますが、私が一番多用しているのが「**ニュー・ビヘイビア・ジェネレーター**」と呼ばれるテクニックです。

自分が理想とする人になりきって、何かしらの成功体験をありありとシミュレーションすることで、自分の感覚をリソースフルなもの、つまり「自分はなんでもできるという自信がみなぎった状態」にすることが目的です。

このときにもNLPの基本である「アソシエイト」「ディソシエイト」を理解し、実践する必要があります。

直接的に熱くするというよりも、自信で満たされた結果、迷いや不安が払拭され、自然と熱くなっていくという使い道が最適かと思います。

ただし、**効果は長続きしないので、本番の前日などではなく、自分を熱くする本番30分前くらいがいい**でしょう。

手順としては、自分を切り離すことから始まります。つまり、自分を客観視して、ディソシエイト状態になることです。

ただ、自分から外に出る——と説明されても、多くの人はイメージができません。ですから、ニュー・ビヘイビア・ジェネレーターをする際は、まず他者にアソシエイトすることを意識します。

アソシエイトするのは、その状況において理想的なロールモデルです。

今回は「自分を熱くする」がテーマですから、当然のことながら、その人にアソシエイトしたら、体が火照り、みるみるエネルギッシュになってこなければなりません。

自分に合った「ロールモデル」の見つけ方

適当なロールモデルがすぐに見つからないのであれば、アイデアを見つける基本テクニックを、ここでも使えばいいのです。

それは、**「発散」**と**「収束」**です。

自分のまわりの人でも、有名人でもかまいません。「この人の体に入ることで自分を熱くすることができるだろう」と予測できる人を列挙していきます（発散）。

ただ、知っているだけで、その人になりきることができないのであれば、リストに加えないほうがいいでしょう。リストに加えるのであれば、その人の「人となり」を味わえる何かを体験することです。

たとえば、映画「ゴッドファーザー」シリーズ等で有名なアル・パチーノをロールモデルにしたいと考えたとします。映画の中で、あれほどの熱演を見せるアル・パチーノに自分がアソシエイトしたら、必ずや自分を熱くすることができるだろうと。

しかし、アル・パチーノの人となりを知らないのであれば、アル・パチーノそのものにアソシエイトすることは困難です。

映画の中でのアル・パチーノしか知らないのであれば、アル・パチーノをロールモデルにするのではなく、アル・パチーノが演じた「ゴッドファーザーのマイケル・コルレオーネ」や「スカーフェイスのトニー・モンタナ」をモデルにするのです。それなら、その人物の人となりを想像しやすいでしょう。

アソシエイトすると言っても、あくまでも妄想です。自分の感覚を変化させることが目的ですから、**ロールモデルが実在しようが、空想上であろうが、その人物にアソ**

エイトすることで、自分を熱くすることができれば、それで成功です。

繰り返しますが、自分を熱くするには「恥じらい」や「照れ」と決別しなければなりません。

徹底的にロールモデルになりきって演じられるかどうか

リストアップした人を眺め、1人ずつアソシエイトしてみましょう。その人になりきって演じるのです。うまく演じられない人は、単に照れているだけです。誰に見せるわけでもないのに「恥じらい」や「照れ」を覚えるなら、それは確実に思考プログラムのせいです。

物心つく前、幼いころは、誰も覚えなかったそのような感覚に、自分の可能性をつぶされるのはもう御免だと思いましょう。ロールモデルになりそうな人たちを10名、20名書き連ね、恥を捨て、照れる自分を戒め、その人になりきっていくのです。

このときも**大事なのは、ディテール**です。

その人であれば、目に映るものに対してどんな感覚を覚えるだろう。誰かからこのようなことを言われたら、どんな反応を示すだろう。

そして、**この難局を乗り越えるのに、どう体が反応し、どういう態度を示し、どんな言葉を発するだろう。**

それを一つひとつ、感じながら演じるのです。

脚本家になってはいけません。シナリオをつくってはいけません。

それだとディソシエイト状態になってしまうからです。演者になりきることが、このニュー・ビヘイビア・ジェネレーターのポイントです。

そうやってみて、一番自分を熱くするロールモデルが見つかったら、いったん、その人を、自分を熱くするロールモデルとして決めます（収束）。

想像とは違う人が自分を熱くするロールモデルになるかもしれませんが、それはそれでいいのです。**頭ではなく、体の反応に意識を向け、自分の生理現象に正直になります。**

誰もが知っている有名人であろうが、自分のまわりにいる人であろうが、関係ありません。もしその人になりきる自信があるなら、漫画やアニメのキャラクターでもいいでしょう。

私は映画俳優をあえてチョイスします。特に役に入り込むプロフェッショナルと呼ばれる人を、あえて選びます。役者というのは、アソシエイトのプロだからです。撮影の前に徹底した役作りをすることで有名なのは、ロバート・デ・ニーロ。メリル・ストリープやダニエル・デイ＝ルイスもそう。そういった名優の中で、私が個人的に好きなのがデンゼル・ワシントンです。

私は、静かな情熱がほしいとき、デンゼル・ワシントンが演じた「Cry Freedom（邦題：遠い夜明け）」のスティーヴ・ビコを思います。

南アフリカ共和国の黒人解放活動家だったスティーヴ・ビコ。その壮絶な生きざまについては、映画の中でしか知らないのですが、何かうまくいかなくなったとき、失敗して心が冷え込んでしまいそうなとき、ビコだったらこの状況をどう受け止めるか。どう乗り切るか。どう自分を奮い立たせるか。

数えきれないほど、いろいろな人をロールモデルにしてみましたが、私の場合、不屈の精神を持った人物になりきるのが、性に合っているようです。

目で観て耳で聴いて熱くなるだけでは意味なし

また、**そのようなことを実際にやっている人をロールモデルにすることをおすすめします。** 大勢の前で講演をする前日、熱い研修をする直前に、ニュー・ビヘイビア・ジェネレーターを使って自分を熱くする場合、ロールモデルにするのは、「エニイ・ギブン・サンデー」という映画の主人公、トニー・ダマトです（アル・パチーノが演じた）。

アメリカン・フットボールチームのマイアミ・シャークスが、プレイオフをかけた試合直前に、ヘッドコーチであるトニー・ダマトがした約4分間のスピーチは、映画史に残る名スピーチです。

ヘッドコーチ自らが、自分の弱さをさらけ出し、ならず者が集まるチームを鼓舞する様は、観る者を熱くさせます。スピーチの最後に、

「無駄に生きるぐらいなら、熱く死のう！」

パチーノ特有のしゃがれ声で絶叫するシーンは特に必見です。

ただ、このシーンを何度も観ても意味がありません。

大事なことは、トニー・ダマトになりきって、自分も同じような熱弁をふるえるか、ということです。

目で観て耳で聴いて熱くなるだけでは意味がありません。そんなことで、本当に自分を熱くすることなどできません。

演じるのです。**役柄に入り込んで、自分自身で演じきる**のです。恥ずかしがったり、照れたりして、心の中で演じることさえできないのであれば、自分を熱くする資格などないと、いったんあきらめましょう。

炭にもなっていないし、単なる普通の木でもありません。自分は水に濡れた木材なのだと認識するのです。不純な思考ノイズに浸ってばかりいるから、火をつけても煙しか出ないのです。

生まれたときからそうだったのではなく、まわりに冷えた人ばかりがいたせいなのか。偶発的な体験による「インパクト×回数」によってできあがった思考プログラムの問題です。

「演じることができない」なんて単なる思い込みです。しつこいようですが、単なるイメージトレーニングですから、気合いでできます。

最初は苦労するかもしれませんが、ニュー・ビヘイビア・ジェネレーターは、慣れてくると、**役者と同じように瞬時にできる**ようになります。

その**ロールモデルの言葉のクセ、動作のクセ、**そして**思考のクセまでが真似できる**ようになれば、もうあなたは自信のみなぎった熱い人に変わっているはずです。

第5章

熱さを
コントロールするコツ

場の力で、熱さを補充する

これまでの章では、火種を使って自分を熱くする方法をいくつか紹介しました。終章となるこの章では、自分の火を少しでも長く維持する方法と、逆に意識的に鎮火させる方法について解説したいと思います。

熱量というものは、スパークリングワインの泡のようなもので、時間が経てば必ず消えます。**ずっと同じ熱量が続くということは、どれだけ意志の強い人でも無理な話**です。

これまで、熱意、情熱、熱量、熱気……といった言葉を解説してきましたが、最後の章では「**熱中**」という表現を解説したいと思います。

熱中とは、何かに深く心を没入させることで、まさにアソシエイト状態になっていることを指します。

熱中するのはいいことですが、その分、まわりが見えなくなってしまうという副作

用もあります。

よく家庭で使われているのが、次のような表現ではないでしょうか。

「ゲームに熱中するのもいいが、ちゃんと宿題やってるのか」

「彼に熱中するのはいいけど、家のこともちゃんとやってね」

親にこう言われた子どもは、「はいはい。わかってるよ」と鬱陶《うっとう》しそうに口にすることでしょう。

自分が持っているリソースを、「やりたいこと」「やるべきこと」に正しく配分できているのが理想ですが、何かに熱中したら、そのバランス配分が崩れて当然です。

それどころか、学校の勉強もし、部活もちゃんとやり、彼氏とのデートもこなし、ゲームも決められた時間以上はやらないという生活を送っているのなら、彼氏にも熱中していないし、ゲームにも熱中していないと言えるでしょう。

熱中というのは、没我の境地に入っている状態のことを指します。なので、周囲からの指摘は耳に入らないし、よかれと思ってアドバイスしてくる人さえも疎んじたりします。

それが熱中というものです。

まわりから「いい人」だと見られたい、承認欲求が強すぎるという人は、1つのことに熱中することは、なかなか難しいように思います。何かに熱中したら、必ずまわりの人に迷惑をかけるのですから。

大事なことは、**「周囲に迷惑をかけている」と認識したうえで、何かに熱中すること**です。

そして、**たまにはディソシエイト状態になってクールダウンし、「熱中させてもらって、ありがとう」と、まわりの人に感謝する**ことです。

熱中しないときを、あえてつくる

何かを成し遂げようと自分を熱くし、熱中すれば、多くの人がその姿勢に称賛してくれるかもしれません。

「今どき、そんなふうに熱中できるものがあっていいね」

と、部外者であればあるほど、手放しで応援してくれるでしょう。

しかし、すぐ近くにいる人も応援してくれるかというと、それはわかりません。反対に、熱中すればするほど、その姿勢を批判する人、振り回されて迷惑だと受け止める人もいます。

ですから、多くの人は、いろいろなものを犠牲にしながら何かに熱中し続けることになります。

まず、その事実を真正面から受け止めることです。そして、**「何かに熱中しているということは、それによって迷惑をかけている誰かが必ずいる」と、心に留めておく**のです。

私の場合は、やはり家族です。

仕事やボランティア活動に熱中していれば、必ず家族に迷惑がかかるだろうと認識しています。どんなときも、そう思っています。

常に意識し、感謝の気持ちを伝えなければと思っていますが、それを常に意識できる人は問題ありません。しかし、私の場合、そのような機会を強制的につくらないと、いつの間にか忘れていってしまいます。

私と同じように、大事なことなのに、ついつい忘れてしまう人は、**自分だけのルールを決めることをおすすめします**。

たとえば、私は、以下のようなルールを決めています。

◎飲み会の二次会は行かない

◎LINEは妻としかやらない

◎年間4回は、妻と京都旅行に出かける

◎月に15回以上、子どもが寝る前に話を聴かせる

絶対ルールではなく、基本ルールですから、年に数回ぐらいは二次会に付き合うこともあるでしょう。しかし、基本的に行きません。そのことは私の部下たちがよく知っています。知っているお客様も多く、どんなに一次会が盛り上がっても、「横山さん、二軒目も行きましょう!」と誰も誘いません。

もちろん、このルールは、諸刃の剣です。お客様や部下たちとの関係を深めるには、二次会に参加したほうがいいケースもあるからです。

それを十分理解したうえで、私はこのようなルールをつくっています。

夜の交際を制限することで、自分の可能性をつぶしているだろうと痛感するのは、メディア関連の人脈が広がらないことです。

出版社やテレビ局を通じ、財界の偉い人たちやメディアで活躍している文化人を紹介してもらえる機会は、これまで幾度もありましたが、だいたい決まって夜です。

「今から西麻布に出て来られませんか」

「今、名古屋の今池にいるんですが、ちょっと来ない？　すごい人を紹介しますよ」

夜の10時や11時に電話がかかってきても、私はいろいろな理由を言って断ります。

一度断れば、次にまた誘われることは、ほぼありません。

日中は本業のコンサルティング事業がありますから、人脈を広げるには夜か、週末しかありませんが、その時間までつぶしてしまうと、家族とのラポール（信頼関係）を維持できません。だから、仕方がないと受け止めています。

そもそも夜に飲み会を入れなくても、ふだんから全国をまわっている私は、家族との可処分時間が絶対的に足りません。

ですから、ルールを決めています。

何か用事があるわけでもないのに、少しでも家にいる時間を増やそうと心掛けます。

そうすることで、2人の子どもと接する時間が増えます。2人が寝る前に、私が創作するオリジナルの物語を話して聴かせることで、触れ合う機会を増やせます。

妻との京都日帰り旅行を必ず定期的に行くことで、お互い、ふだん感じていることを共有できます。ちょっとした妻の悩みも相談に乗れます。

この時間は必ず家族の時間として確保する。

こう決めることで、安心して仕事に熱中できるのです。

強制的にディソシエイト状態になることができれば、自分や家族、仕事とボランティアなどを客観視でき、何かに熱中していることで、誰に、どのように迷惑をかけているか、冷静に眺めることができます。

燃え尽きてしまったら終わりだ

もしも、熱中しすぎて、まわりが見えなくなってしまうと、燃え尽きてしまうこともあるでしょう。

あなたは過去に、燃え尽き症候群（バーンアウト）を経験したことがあるでしょうか。

燃え尽き症候群が起きる原因は、過度のストレスが長期間にわたってかかることです。責任感、使命感、気合い、根性などを総動員して無理やり押さえ込んできたストレスが、期待した結果が出なかったとき、もしくは無事に目的を達成したときに現れる。これが、燃え尽き症候群のメカニズムです。

以前、あるイベントに100名ほどの経営者を集めようと企画したとき、多くのスタッフのおかげで、実際に成功をおさめました。

ただ、その準備に数カ月間奔走してくれた幹部4名が絵に描いたように燃え尽きてしまい、その後、連絡をしても返事がないという状況が数カ月も続いたことがあります。

彼ら彼女らは、準備段階から異様な盛り上がりを見せていました。本業は大丈夫なのかと心配したくなるほど夜遅くまでグループスレッドが活発で、日々集客に頑張っていました。

ただ、私の経験上、よくある典型的な燃え尽き一直線のパターンのように見えたので、「このペースだと絶対に燃え尽きますよ。あまり頑張りすぎないでください」と事前に忠告していたのです。

ですから、実際にその後、ほとんど連絡が取れなくなったと耳にしたとき、私自身も反省しました。私も、過去に何度も燃え尽きた経験がありますから、もっと気を配るべきだと思えたからです。

私どもが、クライアント企業にコンサルティングに入るときでもそうです。たとえば、支援期間が2年間あったとして、その2年間は組織一丸となって目標達成させられたとしても、「ワールドカップ優勝」「オリンピック金メダル」を目指すような気持ちでやってしまうと、支援終了後に組織が燃え尽きてしまうことがあります。

昂った感情は、いったん冷やす必要がありますが、業績も同じように下降線をたどってはいけません。

自分を熱くすることで、望むリターンを上昇させますが、そのリターンを維持したまま自分を冷やすことが大事です。

私が、やたらと「モチベーション」という言葉を使う人に違和感を覚えるのは、いちいちモチベーションを上げないと、やるべきことをやれないという姿勢に問題があると考えるからです。

リーダーこそ、燃え尽きにご用心

燃え尽き症候群については、特にリーダーが気をつけなければなりません。「何かをやろう！」と熱くなって、周囲を巻き込めるだけ巻き込んでおきながら、リーダーである本人がバーンアウトしてしまうと、まわりはとても困惑します。

情熱資産の話に戻ると、**最初は情熱の自己資本比率が高くてもいい**のです。

しかし、**少しずつ他人資本を取り入れていかないと、ご自身が燃え尽きたときに、取り返しのつかないことになります。**

特に昨今は、燃え尽きてしまう人が非常に多くなっている印象を受けます。燃え尽きてしまうということは、熱くなる以前よりもマイナスに陥るということですから、反動がとても大きいのです。

「人生を賭けた大勝負」というケースならともかく、「燃え尽きるぐらいなら、最初から燃えないほうが良かった」という感想を持つ人も多いことでしょう。特に、周囲の人はそう感じるはずです。

自己犠牲はほどほどに

ここで、私が一番誇りにしていることを紹介させていただくと、それは、21歳のころから続けている知的障がい者のボランティア活動です。

30年近く前から続けている活動です。しかし、昨今は団体のリーダーになって2年ほど頑張ると、リーダーの任期が終わったとたんに、会を離れていく人があとを絶ちません。

会に残って次世代のリーダーを育ててほしいのに、リーダーを降りたとたんに音信不通になってしまう人もいて、残されたボランティアたちは困惑してしまいます。

実のところ、私も20年近く前にリーダーを3年ほどやったあと燃え尽きてしまい、1~2年は中心的な役割はもう勘弁してもらいたいと進言したことがあります。

その経験があるため、リーダーになる人には、**「自分を犠牲にしてまで、頑張りすぎないでほしい」**と強く訴えています。特に、過去あまりリーダーの経験をしたことがない人は、どこまで頑張ればいいかがわからない傾向があります。

しかし、責任感の強い人は、なかなかそれができません。熱く燃えて、限界を超えるまでやるはいいのですが、その成果が自分の犠牲の上に成り立っていると、長続きしないのです。

特に年齢を重ねていくと、仕事や家庭、地域的な活動でも、責任ある立場に立たなければならないケースが増えます。

にもかかわらず、何かに熱中すると、まわりが見えなくなって、いろいろなところに迷惑をかけるのですから、自分が想像している以上に、急激なストレスの上昇を経験します。

停滞している組織を奮い立たせ、軌道に乗せるまでリーダーが頑張るのはいいでしょう。しかし、しばらくしたら、組織全体で安定して成果を出せるようにするのが、リーダーとしての責任です。

衝動的な感情とうまく付き合うコツ

最後にどうしても紹介しておきたいのが、**衝動的な感情を抑え込む方法**です。

自分を意図的に熱くするのはいいですが、何らかの刺激によって偶発的に熱くなってしまったというのであれば、その熱い感覚を鎮めたほうがいいでしょう。熱くなりすぎて、冷静さを欠いた行動を続けると、人間関係もあまりうまくいかなくなります。特に怒りの衝動は、ご存じのとおり強力です。私も元々短気で、かつては方々でキレまくっていたので、衝動的に熱くなった場合のコントロールの仕方は、必須の技術です。それは「発作が起きたときに飲む薬のようなもの」と受け止めていただけたらいいでしょう。

そんな私でも感情のコントロールができるようになった、**アンガーマネジメント**の定番テクニックを紹介しましょう。

基本となる考え方は、やはりディソシエイトです。

誰かから失礼なことを言われて、全身がカッと熱くなり、頭に血がのぼるときは、決まって相手の言った言葉や仕草が脳内で繰り返されるものです。しかもタチが悪いことに、リフレインが続くほど、衝動が大きくなっていきます。

そんなときは明らかにアソシエイト状態にいますから、衝動が爆発する前に自分から距離を置かないといけません。

一番確実な対処法は、その場を離れることです。物理的にも、時間的にも、距離をとって頭を冷やす行為が基本です。

会議中に議論がヒートアップしてきて険悪なムードになってしまうと感じたら、トイレに行くと言って席を立つのです。奥様と口論になりそうだったら「このままだとラチがあかないから続きは明日にしよう」と時間をあけます。それだけでもかなり効果はあります。

衝動で熱くなっている自分を和らげる方法──グラウンディングとカウントバック

しかし、そのような頭を冷やす行為をしても、必ずしもその場を切り抜けられるとは限りません。状況が許さない可能性もありますし、そもそもヒートアップしすぎるとその発想が湧いてきません。ですから、意識をいったん別のどこかに一時期的に逃がすのです。

そんなときに私が頻繁に使うが**「グラウンディング」**と呼ばれるテクニックです。

方法は簡単で、**何かまったく関係のない対象に全力で意識を向ける**ことです。

たとえば、目の前にペットボトルがあったら、製造者の住所や栄養成分表示の数字を読む。しかもゆっくりと、時間をかけて、読む。

もしくは、パッケージに水玉のデザインがあったら、「1個、2個……」と、水玉の数を数えたりするのもいいでしょう。

その行為自体になんの意味もありませんが、そこに意識を向けることで、怒りの衝動で燃え上がっている自分からディソシエイトすることができます。

目の前にグランディングできる手軽なものがないときや露骨に視線を変えることができないときによくやるのは、**100から7を引く方法**です。

これを**「カウントバック」**と呼びます。

「93、86、79……」と暗算していくのです。7ではなく5だと、「95、90、85、80……」と、意識をそこに集中しなくてもできてしまうので、7だとか3のほうがおすすめです。

暗算が得意な人には効果がありませんが、少し考えないと暗算ができないという人なら、このやり方で衝動を少し和らげることができます。

あとは、「魚の種類をできるだけ考えてみる」とか、「今年に入って一番おいしかったものをランキング形式で考えたりする」こともします。

これは、外部の刺激から反応を遅らせるという効果があり、「ディレイテクニック」と呼ばれるものです。

特にランキングを考え出すと、脳の長期記憶からいろいろとデータを引っ張り出さないといけないので、意外と時間をかけられて重宝します。

感覚がポジティブになるので、「今年、自分にとって幸せだった出来事ベスト3は何だろう?」といった自問自答も、よくやります。数カ月に1回程度なら、ベスト3が変動していることが多いですから、けっこう頭を使います。

いずれにせよ、衝動的に熱くなっている自分を、気持ちだけはどこかに持っていきたいときに、これができれば成功です。上司の説教を長々と聞かないといけないときなどにやってみましょう。

ただ、このようなテクニックは、応急処置的なものであって、感情の発生源を根絶できるわけではありません。

しかし、しょせん人の衝動は一時的なものです。感情が爆発する前に意識を別のところに少し退避させ、少しだけ冷静さを取り戻したら、自分が本来取るべき次の行動を考えればいいのです。

おわりに――どんなときに、自分を奮い立たせる必要があるか

昨今、熱い人が本当に減っています。

それどころか、熱い感情を持つことを冷ややかな目で眺める人が増えているように思えます。

では、なぜ自分を熱くする必要があるのか。どうして、自分を鼓舞しなければならないのか。それはどんなときなのか。今一度、考えてみましょう。

「奮い立たせる」という表現に、その意味が詰まっている気がしています。

私は企業の現場に入って目標を絶対達成させるコンサルタントです。目標を絶対に達成させようとした際、留意しなければならないことは1つです。

それは、月並みですが、「失敗を恐れてはならない」ということです。

どんなに仮説の精度を高めても、うまくいくことよりうまくいかないことのほうが、量として多いのです。

私たちコンサルタントができることは、たとえば100回やって8回しかうまくいかないことを、100回やって20回はうまくいくようにすることです。

成功のコンバージョン率は2倍以上に上がっていますが、それでもうまくいかないことのほうがはるかに多いことは変わりありません。先の例からすると、92回失敗していたのを、80まで減らしただけなのですから。


56ページに書いたように、早く行動することによって、早く失敗を体験できます。失敗をすることで次につながるわけです。だから、失敗を恐れてはいけないのです。

成功者の多くが、膨大な数の失敗を経験しています。だからこそ、失敗をテーマにした名言が数えきれないほどあるのです。

それは「失敗は成功の母」という言葉です。「七転び八起き」とも言います。

成功は99%の失敗に支えられた1%だ。

これは、本田技研工業（通称：ホンダ）の創業者である本田宗一郎さんの名言です。
やはり、「いかに多く失敗するかが、成功への近道だ」ということなのです。

さて、最後までこの本を読んでいただいたあなたに、1つ問いかけたいことがあります。

それは、

ここ最近――ここ1年でも2年でもかまいません――あなたはどれだけの失敗をしましたか。

という質問です。1分程度でいいので、ぜひ思い出してください。

もし、すぐに失敗体験が思い浮かばないのであれば、たいした挑戦をしていないということかもしれません。

私が最も「熱い」と思える人

私がよく知っている人の中で、最も「熱い」と思える人を、ここで紹介したいと思います。それは、怒りの感情と上手に付き合うための心理教育、アンガーマネジメントの第一人者であり、「日本アンガーマネジメント協会」の代表である、安藤俊介さんです。

２０１１年６月に創立した日本アンガーマネジメント協会は、現在その講座の動員数を１００万人にまで伸ばしています。

輩出したアンガーマネジメントファシリテーターは約３０００名。アンガーマネジメントキッズインストラクターは約４０００名、アンガーマネジメントティーンインストラクターは約１０００名で、今や８０００名を超える規模の団体となりました。

テレビや雑誌、新聞にも頻繁に取り上げられていますし、安藤俊介さん以外の会員たちも次々に出版し、多くの著書が世に出ていますから、あなたも一度は聞いたことがあるでしょう。

私と安藤さんとの出会いは、10年ほど前に遡ります。

２０１９年10月現在で、すでに「３００期」に迫るほど開催されている人気講座「アンガーマネジメントファシリテーター講座」の、「０期」の講座に私が参加したのがきっかけです。

当時、安藤さんは「怒りの連鎖を断ち切りたい」という強い思いを抱き、アメリカで知ったこのアンガーマネジメントを日本に普及したいという、あふれんばかりの情熱を持っていました。

私もアンガーマネジメントという技術を知り、安藤さんの思いに共感したので、力になりたいと思いました。20回程度でしょうか、セミナーを自主開催したこともありましたし、東日本大震災のときは、大規模なアンガーマネジメントのセミナーをチャリティで実施した経験もあります。

しかし、そのような草の根の運動を続けても、アンガーマネジメントという技術が広まることは難しく、どうしたらこの技術や考えを広めていったらいいのか、私も頭を悩ませました。本業とは異なりましたが、個別に何回か安藤さんとお会いしてディスカッションさせていただくこともありました。

よく覚えているのは、東京駅のスターバックスで2時間ほど語り合った日のことです。

安藤さんも、いろいろなチャレンジをしていましたが、2人で話し合っていても、なかなか打開策が浮かびません。

私はアタックスグループという老舗の経営コンサルティングファームに所属していましたから、セミナーを開催したいと思えば、金融機関に声をかけることもできましたし、日立製作所時代につくった人脈で、IT企業とのコラボレーションセミナーを開催することもできました。私にとって、やはり「後ろ盾」があったことは大きかったように思います。

しかし、安藤さんは私と違って、1人でした。たった1人で、アンガーマネジメントという技術を日本に普及させようとしていたのです。

「協力したい」と口では言いながらも、大変失礼ながら、私はかなり冷ややかな気持ちで当時の安藤さんを見ていたと思います。「怒りの連鎖を断ち切りたい」という強い思いは理解できるが、どうやってその認知度を上げていくのか。どうやって「日本版のアンガーマネジメント技術」をつくり上げ、伝道者を育て、広報活動を行なうのか。

私は当時、妙案が浮かびませんでした。

安藤さんは私と正反対。穏やかで、笑顔の美しい紳士です。

「横山さん、私はアンガーマネジメントを日本に広めたい。怒りの連鎖を断ち切りたいんです」

安藤さんはいつも冷静な口調でそのように言うのですが、「情熱だけでは道は開かない」という冷めた気持ちが私を支配していました。ですから、私は、東京駅のスターバックスで会ったのを最後に、安藤さんとアンガーマネジメントについてそれ以降、語ることはなくなりました。本業もうまくいきかけていたころでしたから、徐々に距離をとっていってしまったのです。


そしてその後のことは、先述したとおりです。

この10年で、アンガーマネジメントは１５００以上のメディア媒体で紹介され、厚労省が設置した「職場のパワーハラスメント防止対策についての検討会」に招聘されるほど安藤さんは影響力のある存在になっていきました。

まさに、10年前に安藤さんが口にしていたアウトカム――「あり方」が、現在は本当に実現しつつあるのです。

数えきれないほど多くの人の夢を聞き、その夢に向かってトライしてきた人たちの半生を知る私にとって、まるでそれは奇跡のようなサクセスストーリーです。

安藤さんの何もない時代のことを知っているからこそ、私は、心の底から尊敬の念を覚えます。そして、おそらく常に、その「あり方」に向かって、無数の「やり方」を試行していった安藤さんやその仲間の方々の挑戦の歴史に思いを馳せると、とても熱い気持ちにさせられます。

「あれがしたい」「これがしたい」と熱く語る人がたくさん、私に寄ってきます。しかし、本当に熱い人は、安藤さんのように静かなのです。「クールヘッド&ウォームハート」を持っていて、どんなに失敗しても、自分を奮い立たせ、仲間を牽引する力があるのです。

傷だらけの戦士たち

高い目標を設定し、その目標を達成しようとし続ける人は、必ず多くの傷を持っています。傷だらけの戦士と同じです。

かすり傷ひとつなく、うまくいくことなどないからです。

傷つくたびに、「もう一度頑張ろう」「逃げずに踏み留まろう」と自分を鼓舞した歴史があるはずです。それが、その後の人生の「情熱資産」にもなっているでしょう。

そういう人だからこそ、新しい何かにチャレンジしようとする人を応援するのです。たとえその人が周囲に迷惑をかけるほど何かに熱中していても、寛大な心で受け入れようとします。

傷ついて立ち直った数が多い分だけ、成功に近づくわけですから、何度転んでも、自分を奮い立たせる有効な方法を覚えておきたいものです。

気持ちがどんなに萎《な》えても自分を熱くする術《すべ》を知っているなら、失敗を恐れることはなくなるからです。

今後のあなたの人生において、数えきれないほどの難局が待ち構えていることでしょう。でも、もう失敗を恐れることはありません。なぜなら、この本で自分を熱くするヒントを手に入れたのですから。

本書が今後のあなたの人生に少しでもお役に立てたら、著者としてこれほどうれしいことはありません。

２０１９年10月

横山信弘

【著者プロフィール】
横山信弘（よこやま・のぶひろ）
アタックス・セールス・アソシエイツ代表取締役社長。
企業の現場に入り、目標を「絶対達成」させるコンサルタント。最低でも目標を達成させる「予材管理」の理論を体系的に整理し、仕組みを構築した考案者として知られる。12年間で1000回以上の関連セミナーや講演、書籍やコラムを通じ「予材管理」の普及に力を注いできた。NTTドコモ、ソフトバンク、サントリーなどの大企業から中小企業にいたるまで、200社以上を支援した実績を持つ。「日経ビジネス」「東洋経済」「PRESIDENT」など、各種ビジネス誌への寄稿、多数のメディアでの取材経験がある。メルマガ「草創花伝」は4万人超の企業経営者、管理者が購読する。『絶対達成マインドのつくり方』『絶対達成バイブル』など「絶対達成」シリーズの他、『「空気」で人を動かす』『自分を強くする』等多数。著書の多くは、中国、韓国、台湾で翻訳版が発売されている。ロジカルな技術、メソッドを激しく情熱的に伝えるセミナーパフォーマンスが最大の売り。

◎横山信弘メルマガ「草創花伝」
http://attax-sales.jp/mailmagazine/
◎絶対達成チャンネル　http://www.forestpub.co.jp/yokoyama/

自分を熱くする

2019年11月22日　初版発行

著　者　横山信弘
発行者　太田　宏
発行所　フォレスト出版株式会社
〒162-0824 東京都新宿区揚場町2-18　白宝ビル5F
電話　03-5229-5750（営業）
03-5229-5757（編集）
URL　http://www.forestpub.co.jp

印刷・製本　中央精版印刷株式会社

ISBN978-4-86680-060-8　Printed in Japan

自分を熱くする

読者の方に無料
特別プレゼント

ハートに火をつける！
スイッチのつくり方

（動画ファイル）

著者・横山信弘さんより

本書でもご紹介した「ハートに火をつける！ スイッチのつくり方」について、著者の横山信弘さん自らが詳しく解説した動画をご用意しました。読者の方に無料特別プレゼントです。文字では伝わりにくい、より具体的な方法をわかりやすく解説しています。ぜひダウンロードして、仕事にプライベートにお役立てください。

特別プレゼントはこちらから無料ダウンロードできます↓

http://frstp.jp/atsui

※特別プレゼントはWeb上で公開するものであり、小冊子・DVDなどをお送りするものではありません。

※上記無料プレゼントのご提供は予告なく終了となる場合がございます。あらかじめご了承ください。